AF328269

Edmond **TARDIF**

Nature, Origine et Valeur

DE LA

Connaissance Humaine

> L'objection se produisant sur le terrain de la philosophie, *notre devoir* est de poursuivre l'erreur là où elle se trouve.

AIX

IMPRIMERIE J. NICOT, RUE DU LOUVRE, 16

1903

NATURE, ORIGINE ET VALEUR

DE LA

CONNAISSANCE HUMAINE

Edmond TARDIF

Nature, Origine et Valeur

DE LA

Connaissance Humaine

> L'objection se produisant sur le terrain de la philosophie, *notre devoir* est de poursuivre l'erreur là où elle se trouve.

AIX

IMPRIMERIE J. NICOT, RUE DU LOUVRE, 16

1903

PRÉFACE

La dissertation qu'on va lire a été présentée, en 1890, à la Conférence des Etudes sociologiques.

Dans les discussions courtoises que j'avais avec mes jeunes auditeurs sur les questions de droit social, j'observais constamment que les arguments perdaient leur force probante de ce que je les appuyais sur des principes de raison, dont, malgré leur parfaite évidence, on me contestait la valeur objective.

C'est alors que je commençais à voir ce fait aujourd'hui incontestablement établi que, si en politique, les idées libérales ont fait le fond d'un subjectivisme qui rend impossible tout ordre public stable, dans le domaine de la philosophie et des convictions, le subjectivisme kantien a complètement anéanti l'esprit de doctrine.

Il y a donc une relation très intime entre le subjectivisme et le libéralisme : ce sont les deux faces d'une même insurrection qui commence à Luther et se termine à Bakounine.

Je voulus donc présenter à mes auditeurs de la Conférence un court exposé des théories de Kant ; je voulus leur montrer les lacunes d'un système que l'enseignement universitaire leur vantait comme étant le dernier mot de la science philosophique ; je voulus, par quelques aperçus sur le système scolastique de la connaissance humaine, leur faire constater que saint Thomas d'Aquin avait, lui aussi, critiqué la valeur de cette connaissance, mais que, par le bon sens de ses investigations, il avait évité le subjectivisme.

Depuis 1890, l'épidémie du kantisme n'a fait que se propager dans tous les milieux ; il faut le constater : le subjectivisme n'est plus une doctrine réservée aux spécialistes de la philosophie, mais il est apporté comme règle du détail de la vie pratique.

Cette erreur a tout envahi, parce que la formation intellectuelle de la génération présente a été faite dans le sens kantien.

Un ancien jésuite le P. Lemareschal est poursuivi et condamné pour avoir protesté, en chaire, à Tréguier, contre les lois qui attaquent la conscience catholique.

Le Président du Tribunal : « Il est dangereux de faire des suggestions de la conscience individuelle le critérium des lois. Toute loi porte atteinte à la liberté de quelqu'un. Et si votre théorie est séduisante au point de vue spéculatif, elle est destructive de toute société, au point de vue pratique. »

Le P. Lemareschal : « Voilà 1900 ans que cette théorie est prêchée à travers le monde et la société n'est pas encore ébranlée. Vous êtes dans les théories de Kant, M. le Président, ce ne sont pas les miennes. Il y a longtemps qu'elles ont été victorieusement réfutées (1). »

Ce fait est typique : il montre comment le Kantisme

____

(1) *La Vérité Française* du 26 janvier 1903.

peut fausser chez un magistrat le sens même de la justice.

Je ne veux pas toucher un point délicat et signaler le danger du système à l'aide duquel on a tenté de faire du Kantisme la base d'une nouvelle apologétique catholique.

Cette erreur est venue de l'ignorance des éléments constitutifs de la foi religieuse qu'on a confondue avec un certain mysticisme scientifique.

Je ne veux pas m'occuper, du moins pour le moment, de ce *subjectivisme catholique* (1), mais je me contente de montrer en quoi consiste l'erreur kantienne, car bien la connaître est le plus sûr moyen de l'éviter. Cet écrit a donc pour but de la démasquer. Il s'adresse surtout à ceux qui, ayant vécu en dehors du mouvement philosophique, veulent enfin, pour une raison quelconque, en connaître l'orientation et voir le *vrai fond* de l'indifférence religieuse, chez les uns, et de l'anticléricalisme, prétendu scientifique, chez les autres.

Ed. TARDIF.

---

(1) Ces deux mots sont aussi opposés l'un à l'autre que le mot *libéralisme* et le mot *catholique*, que le mot *socialisme* et le mot *chrétien*.

EXPOSÉ ET CRITIQUE

DU

SYSTÈME DE KANT

I

EXPOSÉ ET CRITIQUE

DU SYSTÈME DE KANT

Genèse et Exposé du Kantisme

Les philosophes scolastiques soutiennent, d'après Aristote et saint Thomas, que l'intelligence est tout d'abord une table rase, c'est-à-dire sans idées, et qu'elle acquiert ces idées à l'occasion de l'expérience sensible ; c'est l'intelligence elle-même qui, par sa vigueur naturelle, sépare l'élément idéal de l'élément matériel ; il y a donc, d'après les scolastiques, dans la puissance cognoscitive un principe suprasensible.

Descartes (1596-1650) ou plutôt son école, a prétendu avoir trouvé la nature de ce principe suprasensible : il consisterait en certaines idées générales innées. Les cartésiens rejettent donc l'hypothèse de la table rase.

Locke, philosophe anglais, (1634-1704) admet cette hypothèse et il place le principe de la connaissance intellectuelle dans le sens et dans la conscience ou réflexion. Par l'expérience des sens, par la sensation, l'esprit acquiert la connaissance des êtres corporels ; par la conscience ou réflexion, il acquiert la connaissance des opérations et des affections de l'âme. Puis, à l'aide de ces éléments simples, il compose les idées, en sorte que toutes nos idées viennent finalement de l'expérience des sens et de la conscience.

Hume, philosophe écossais, (1711-1776) exagère le principe de Locke et raisonne comme il suit: Toute idée vient de l'expérience des sens ; or l'expérience des sens ne peut donner l'idée de cause et par conséquent du principe de causalité ; donc cette idée est fausse et ce principe doit être rejeté, ainsi que toutes les assertions qu'on en déduit.

Thomas Reid (1710-1796) et les philosophes écossais, en présence des conclusions de Hume, font acte de désespoir et prétendent que la psychologie doit se borner à être une science de faits et que sur toutes les questions de cause, de fin, d'origine, on doit s'en rapporter non à la science, mais au sens commun.

« Expliquer, dit Thomas Reid, pourquoi nous sommes persuadés par nos sens, par la conscience, par toutes nos facultés, est une chose impossible ; nous disons : cela est ainsi ; cela ne peut pas être autrement et nous sommes à bout. N'est-ce pas là l'impression d'une croyance irrésistible, d'une croyance qui est la voix de la nature et contre laquelle nous lutterions en vain ? Voulons-nous pénétrer plus avant, demander à chacune de nos facultés quels sont ses titres à notre confiance et la lui refuser jusqu'à ce qu'elle les ait produits ? Alors, je crains que cette extrême sagesse ne nous conduise à la folie et que pour n'avoir pas voulu subir le sort commun de l'humanité, nous ne nous soyons tout-à-fait

privés de la lumière du sens commun. » (Cousin, *Phil.
Ecoss.*, leç. 9ᵐᵉ, p. 388.)

Kant, philosophe prussien, (1724-1804) part lui aussi
de la doctrine de Hume ; voici d'ailleurs ses propres
paroles :

« David Hume est de tous les philosophes celui qui
s'est le plus rapproché de la solution de ce problème :
Comment les jugements synthétiques à priori sont-ils
possibles ? Mais est-il loin de l'avoir conçu avec assez
de précision et dans toute sa généralite. S'arrêtant uniquement à la proposition synthétique de la liaison de
l'effet avec sa cause, il crut pouvoir conclure que ce
principe est tout-à-fait impossible à priori. Il résulte de
son raisonnement que tout ce qu'on nomme *métaphysique* n'est qu'une pure opinion consistant à attribuer à
une vue soi-disant rationnelle ce qui, en réalité, ne nous
est connu que par l'expérience et tire de l'habitude l'apparence de nécessité. » (KANT, *intr. VI*, p. 64.)

Kant, partant donc du principe de Hume, se propose
de rétablir, mais dans sa véritable valeur, le principe de
causalité. A cet effet, il entreprend un examen critique
de la raison et des principes qu'elle proclame.

« Mon but principal, dit-il, la question capitale, est
toujours de savoir ce que l'entendement et la raison
libres de toute expérience peuvent connaître et jusqu'à
quel point ils peuvent pousser leur connaissance, et non
pas comment la faculté même de penser est possible. »
KANT, *R. P.* préface. 11.)

Le premier tort du philosophe allemand est d'employer dans son étude des termes nouveaux et de ne pas
donner aux termes d'usage leur signification ordinaire.

Ainsi il appelle raison théorique, raison pure, l'acte de la connaissance intellectuelle; formes subjectives à priori, éléments universels et nécessaires, éléments purs, jugements synthétiques à priori ce que l'on avait toujours désigné sous le nom de formes intellectuelles, d'idées ou de principes analytiques de raison.

Il donne aux idées générales le nom de *catégories,* mais ces catégories sont bien différentes des genres ou ca: 'gories dans lesquels la scolastique classait les êtres. Ce sont plutôt, dans Kant, des évolutions de la pensée par lesquelles, elle se détermine et se fixe.

Par transcendentaux, on avait toujours entendu les propriétés générales de l'être. Kant appelle *transcendants* les êtres dont on ne peut atteindre la réalité objective, malgré une tendance naturelle à les connaître. L'antinomie c'est la lutte entre cette tendance et cette impossibilité.

Les « noumènes » ne sont autre chose que les essences réelles, les intelligibles réels.

Enfin, sous le nom de *raison pratique,* Kant entend désigner ce que l'on a toujours connu sous le nom de raison morale ou de syndérèse.

Ces néologismes sont loin d'être justifiés par une exposition plus précise et plus claire du système. Les équivoques auxquelles ils donnent lieu ont été reconnues même par les disciples du philosophe.

Ainsi dans le Kantisme, l'idée qui selon nous est un élément subjectif, est désignée sous le nom *d'objectif.* Il nous faut donc bien distinguer cet objectif, qui est subjectif, de l'objectif réel et extramental.

Par ce langage nouveau, Kant a fermé sa philosophie à bien des fidèles de la scolastique et fait que ses propres

adeptes ont une difficulté de plus à s'entendre et à dis-
cuter avec eux.

Suivons maintenant le plan du système.

« Si l'on examine les principaux jugements que porte
l'intelligence humaine, on voit qu'on peut les ranger
en un certain nombre de groupes. Les jugements sont
analytiques, quand l'idée de l'attribut est formée par
l'analyse de l'idée du sujet ; ils sont synthétiques quand
l'idée de l'attribut n'est pas comprise dans l'idée du
sujet, quand elle est prise en dehors de cette idée et
ajoutée à elle. » (JOLY, *Philosophie*, p. 548.)

Les jugements analytiques sont toujours à priori ;
quant aux jugements synthétiques Kant se sépare de la
scolastique, sur ce point, et prétend qu'ils sont tantôt à
priori, tantôt à posteriori.

Le jugement analytique, dit-il, doit réunir trois
conditions : 1° inclusion de l'attribut dans le sujet ;
2° nécessité ; 3° universalité.

Si le jugement n'a pas ces trois conditions, il n'est
pas analytique et à priori dans le sens absolu du mot.
Si cependant il est universel et nécessaire, bien que le
sujet ne renferme pas l'attribut, on ne peut dire que le
jugement soit absolument synthétique à posteriori.

Tout effet a une cause : voilà un jugement universel
et nécessaire ; cependant « avoir une cause » ne paraît
pas à Kant un attribut inclus dans l'idée d'effet. Donc,
conclut il, ce jugement est synthétique, mais à priori.

« Tout le but final de notre connaissance spéculative
à priori repose sur des principes synthétiques ou exten-
sifs de cette espèce ; car les principes analytiques sont

sans doute très importants et très nécessaires, mais ils ne servent qu'à donner aux concepts la clarté indispensable à cette synthèse sûre et étendue qui seule est une acquisition réellement nouvelle. » (KANT, *intr.*, § IV, p. 57.)

Kant donne le nom de *raison théorique* à la puissance qui porte ces jugements.

Il distingue dans les conceptions de cette puissance deux sortes d'éléments : les uns purement contingents et singuliers ; les autres nécessaires et universels. Ainsi lorsque je conçois Pierre, il y a Pierre, mais il y a aussi dans ma connaissance l'idée de substance, l'idée d'humanité etc., idées qui ont un caractère de généralité et de nécessité.

Cette distinction s'impose, parce que ce qui est singulier, n'est pas l'objet de la science, mais bien ce qui est universel et nécessaire.

Ici Kant accorde à Hume que l'objet de l'expérience phénoménale, en tant que singulier, ne peut être l'objet d'aucune connaissance

« Cette faculté, dit-il, n'atteint que des phénomènes, sans pouvoir s'étendre aux choses en soi, qui bien que réelles en elles-mêmes, nous restent inconnues. » (KANT, *R. P.*, *préface 23*, p. 27.)

Mais cependant l'expérience phénoménale, qui est un fait et non une connaissance, nous fournit l'occasion de la connaissance.

Le monde extérieur n'est qu'une succession de phénomènes sans aucune action effective des uns sur les autres, ainsi que le veut Hume, et les impressions mêmes de nos sens manquent de cause objective.

Qu'est-ce qui détermine donc notre connaissance,

puisque ce n'est pas l'objet de l'expérience qui lui donne sa détermination ?

C'est la puissance cognoscitive elle-même, à l'aide des formes subjectives à priori qui découlent de sa nature et qui pourraient par conséquent être totalement diffé-rentes, si la nature de l'esprit était autre.

Kant analyse cette puissance et constate qu'elle com-prend la sensibilité, l'intelligence et la raison. Il divise ensuite les formes à priori et attribue à la sensibilité celles du temps et de l'espace.

« La sensibilité fournit les représentations individuel-les ; l'âme est d'abord purement réceptive, c'est-à-dire qu'elle subit l'action du dehors : de là résulte une intui-tion des choses données par l'expérience. Mais toutes ces représentations, toutes ces intuitions viennent en quel-que sorte s'encadrer les unes dans la notion du temps, les autres dans la notion de l'espace. Pouvons-nous pen-ser à un objet matériel sans le placer dans un certain lieu ? Pouvons-nous penser à un phénomène moral sans nous le représenter comme se passant dans le temps ? Non. Ces deux dernières notions sont donc les formes nécessaires des premières connaissances, dont l'expé-rience fournit la matière. Et quand l'esprit impose ainsi ses formes aux données des sens pour en construire des idées, il fait déjà preuve d'une certaine activité, d'une certaine spontanéité. L'entendement coordonne et géné-ralise ces premières connaissances ; en d'autres termes, il réunit des idées pour en former des jugements. Les idées sont la matière des jugements comme les intui-tions avaient été la matière des idées. » (JOLY, *C. de Phil.*, p. 549.)

Mais où sont les formes des jugements? Dans les catégories, lois innées de l'intelligence, formes nécessaires à priori.

Kant en compte douze, divisées en quatre triades : 1° l'unité, la pluralité, la totalité ; 2° la réalité, la négation, la limite ; 3° la substance, la cause, l'action ; 4° la possibilité, l'existence, la nécessité.

On voit que ces catégories diffèrent tout-à-fait des catégories d'Aristote.

« La raison enfin coordonne les jugements, comme les jugements coordonnent les idées : par l'acte du raisonnement, elle ramène nos jugements à l'unité la plus haute possible. Les jugements sont la matière des raisonnements et les formes des diverses espèces de raisonnements sont contenues dans les trois idées suivantes : l'idée de substance; l'idée de l'univers ou de la totalité des phénomènes, l'idée de l'être suprême. » (Joly, *C. de Phil.*, p. 350.)

Ces formes à priori, éléments universels, objet de notre connaissance pure, découlent de la nature même de notre intelligence, mais non de l'objet de l'expérience phénoménale ; aussi l'objet de nos connaissances est renfermé dans les limites du sujet pensant et nous ne pouvons savoir si les êtres intelligibles hors de nous, si les « noumènes » correspondent aux formes, éléments purs de la connaissance.

Il faut donc dire que les êtres intelligibles, que les « noumènes », sont transcendants pour notre esprit et qu'il existe entre la tendance instinctive de notre raison qui veut savoir et l'impossibité de savoir, un antagonisme, une antinomie, c'est-à-dire une lutte entre deux lois.

Comment, en effet, l'esprit humain pourrait-il parvenir à la vraie science ? Toute science est basée sur des principes tels que celui-ci : L'accident réside dans la substance. Or, ce sont des jugements synthétiques à priori, qui découlent des formes à priori ; ils ne sont qu'appliqués par l'esprit aux données de l'expérience phénoménale et ne peuvent faire de ces données l'objet de la science. C'est donc la raison elle-même qui reste la règle de la vérité des objets de la science et non pas les êtres qu'elle voudrait connaître dans leur réalité objective.

Tel est le système du fameux philosophe ; son point de vue n'est point aussi nouveau qu'on pourrait le croire. Les mêmes causes produisent les mêmes effets et dans la philosophie un extrême conduit à un autre extrême. Si dans la philosophie grecque l'idéalisme de Platon a répondu au sensisme d'Héraclite, si dans la fameuse querelle des universaux, au moyen âge, les conceptualistes répondirent aux réalistes, Kant, à son tour, a opposé à l'empirisme extrême de Hume un extrême idéalisme.

Sans chercher les rapports qui existent entre la doctrine de Kant, celle de Platon et celle des conceptualistes, nous trouvons dans la philosophie grecque, 400 ans avant Jésus-Christ, un ancêtre avéré de l'école kantiste.

Protagoras, qui passe pour avoir abusé le premier de la dialectique, inventée par Zénon, et, qui, pour cette raison, est mis au nombre des sophistes, avait avancé ce principe : « L'homme est, au point de vue du sens et de l'intellect, la mesure de tous les êtres. » Cette formule nie l'objectivité réelle de notre connaissance et convient parfaitement à l'idéalisme subjectif de Kant.

Protagoras, avec plus de logique que Kant, déduit de ce principe la négation du principe de contradiction :

« Le vrai ne consiste que dans l'apparence ; donc l'être et le non être, le mal et le bien sont identiques en eux-mêmes; mais nous disons vrai ce qui apparaît tel à ceux-ci et qui paraît faux aux autres ; l'apparence est donc la seule mesure que nous ayons de la réalité. »

C'est Aristote, le père de la scolastique, qui nous fait connaître la doctrine de Protagoras. Donc, les scolastiques connaissaient, avant Kant, les principes de son système.

Le scepticisme objectif est donc, on le voit, la conclusion à laquelle conduit le kantisme et Kant l'a lui-même reconnu.

« Ces principes, dit-il, menacent de tout renfermer dans les limites de la sensibilité, de laquelle ils relèvent proprement et de réduire ainsi à néant l'usage pur (pratique) de la raison. » (KANT, *préf.*, 2ᵉ éd., p. 30.)

Mais Kant n'a point voulu se résigner à accepter la conclusion de son système.

« La raison pure, dit-il, a un usage pratique absolument nécessaire (je veux parler de l'usage moral) où elle s'étend inévitablement au delà des bornes de la sensibilité. » (KANT, *préf.*, 2ᵉ éd., p. 30.)

Kant a remarqué que certains principes de raison ont un caractère directif des actes humains ; il a donc été contraint de distinguer la raison pratique de la raison théorique. La raison pratique proclame un principe que Kant nomme catégorique impératif, parce qu'il se pose sans considération d'aucun intérêt ; le voici :

« Il faut agir selon une règle qui puisse être une loi universelle pour tous les hommes, en tout lieu et en tout temps. »

Ce principe suppose l'obligation morale, la liberté, le mérite et le démérite, une récompense ou un châtiment, au moins dans une autre vie, un être juste qui décerne la récompense ou le châtiment.

Ainsi Kant, après avoir détruit la certitude par la critique de la raison théorique, prétend la rétablir dans la critique de la raison pratique.

Mais nous ne croyons pas qu'il y soit parvenu. En effet, les principes de la raison pratique doivent, par conséquence, dépendre de ceux de la raison théorique, de la forme de l'esprit humain. Il serait donc autres, si cet esprit était différent. Ils sont donc, eux aussi, purement subjectifs ; il n'y a pas de règle objective pour leur donner une valeur absolue.

D'ailleurs, tous les principes de morale reposent sur les principes de la raison théorique, qui sont les règles de la raison.

Enfin, Kant formule un principe général ; mais si on lui demande, pourquoi l'homme doit agir selon une règle qui puisse être une loi universelle, Kant est obligé, pour apporter ses raisons, d'avoir recours à la raison théorique. Donc il ne rétablit point la certitude dans sa critique de la raison pratique.

Ses disciples l'ont bien compris et pour sortir du scepticisme, ils ont été obligés d'identifier le subjectif et l'objectif. De là sont venus les panthéi-mes de Fitche, de Schelling et d'Hégel.

D'autres kantistes, pour éviter le panthéisme, font consister la certitude dans une sorte de foi mystique.

Hypothèses erronées et Contradictions de Kant

En présence des théories subtiles du Kantisme, que dit d'abord le simple bon sens ?

Si j'ai la puissance cognoscitive, elle doit être apte à me donner une connaissance utile ; or, une connaissance ne peut être utile qu'autant qu'elle donne la certitude du réel objectif. Cette certitude doit venir de l'évidence. Donc, dès lors que, de l'aveu même de Kant, j'ai une connaissance, celle-ci doit donner la certitude objective.

Tel est le raisonnement du simple bon sens et il semble que l'analyse et la critique devraient plutôt chercher à en affermir la base qu'à le renverser par un système qui est contraire à l'expérience et qui se contredit lui-même.

Le système de Kant est tout d'abord opposé à ce fait que l'universalité des hommes adhèrent à la réalité objective des êtres, tels qu'ils les connaissent. Le doute objectif n'existe donc pas en fait pour la généralité des hommes. Kant semble méconnaître ce fait.

« Sans doute la philosophie peut et doit se séparer de la foule pour l'explication des faits ; mais on ne saurait trop le répéter, il faut que dans l'explication, elle ne détruise pas ce qu'elle prétend expliquer ; sans quoi, elle n'explique point, elle imagine. Ici le grand fait qu'il s'agit d'expliquer, c'est la croyance même du genre humain et le système de Kant l'anéantit. » (Cousin, *le Vrai*, p. 58.)

Après s'être mis en opposition avec ce fait : l'adhésion ferme de la généralité des hommes à la réalité objective de leurs connaissances, Kant suppose qu'il n'existe aucune perception, aucun jugement sans le concours de la réflexion, qui affirme ou nie en même temps le contraire ; en telle sorte que tout jugement est négatif et est précédé d'un doute à la suite duquel l'esprit se sent contraint à porter nécessairement tel ou tel jugement.

Or, ce doute préalable est purement hypothétique. Nous le concevons chez Kant qui, par tournure d'esprit, n'ose rien concevoir sans cette réflexion, mais il ne se rencontre pas dans la généralité des esprits et des cas. La plupart du temps, la raison aperçoit la vérité sans traverser le doute. La réflexion n'est qu'un retour qui présuppose un jugement, pur de toute réflexion, une affirmation sans mélange de négation, une intuition immédiate, fille légitime de l'énergie de la pensée.

« Tel est le premier acte de la faculté de connaître. Que si on contredit cette affirmation primitive, la faculté de connaître se replie sur elle-même, elle s'examine, elle essaie de révoquer en doute la vérité qu'elle a aperçue ; elle ne le peut ; elle affirme de nouveau ce qu'elle avait affirmé d'abord ; elle adhère à la vérité déjà reconnue, mais avec un sentiment nouveau, le sentiment qu'il n'est pas en elle de se dérober à l'évidence de cette même vérité ; alors, mais alors seulement, paraît ce caractère de nécessité et de subjectivité qu'on peut tourner contre la vérité, comme si la vérité perdait de sa valeur en pénétrant davantage dans l'esprit et en y triomphant du doute ; comme si l'évidence réfléchie en était moins l'évidence ; comme si d'ailleurs la conception nécessaire était la forme unique, la forme première de l'aperception de la vérité ! Le scepticisme de Kant, dont le bon sens fait si aisément justice, est poussé à bout et forcé dans son retranchement, par la distinction de la raison spontanée et de la raison réfléchie. La réflexion est le théâtre des combats que la raison soutient avec elle-même, avec le doute, le sophisme et l'erreur. Mais au-dessus de la réflexion est une sphère de lumière et de paix, où la raison aperçoit la vérité sans retour sur soi, par cela seul que la vérité est la vérité, et parce que Dieu a fait la raison pour l'aper-cevoir, comme il a fait l'œil pour voir et l'oreille pour entendre. » (Cousin, *le Vrai*, p. 61)

Deux fausses suppositions et une fausse notion de la connaissance, voilà les points de départ du système de Kant.

Le philosophe refuse à l'esprit humain la possibilité de connaître le vrai en soi, sous prétexte que la connaissance est toujours relative au sujet connaissant. Or, c'est là une fausse notion de la connaissance.

La connaissance comprend deux termes, le sujet connaissant et l'objet connu, plus un rapport entre eux. Or, de même que la connaissance atteste, comme un effet atteste sa cause, la vérité du sujet connaissant, elle atteste aussi la vérité de l'objet connu. Une chose, en effet, ne peut pas ne point s'accorder avec ce qui la constitue.

Or, ce qui constitue la connaissance, c'est le rapport

de l'objet avec le sujet ; la forme intellectuelle de l'objet doit donc correspondre à cet objet, sinon ce n'est plus un rapport.

Venons-en, maintenant, à ces jugements synthétiques à priori inventés par Kant.

Nous devons d'abord remarquer que tout jugement suppose, comme une condition nécessaire, la connaissance de la convenance ou de la non-convenance du sujet avec l'attribut. Sans cette connaissance, il nous est tout aussi impossible de juger que de voir sans voir.

Cela posé, quand je dis, par exemple : tout effet a une cause, je l'affirme ou parce que je vois qu'il est de la nature de l'effet d'avoir une cause, ou parce que l'expérience m'a appris qu'il n'existe pas d'effet sans cause. Dans le premier cas, le jugement est analytique et à priori ; dans le second, il est synthétique et à posteriori. C'est donc faire une supposition fausse et gratuite que de donner tout autre raison à mon affirmation et d'admettre des jugements synthétiques à priori (1).

Cette observation nous amène à relever les diverses contradictions, qui doivent être signalées dans le système kantien.

1re contradiction. Kant dit que les jugements synthétiques à priori sont nécessaires et universels. Mais d'où viennent ces caractères de nécessité et d'universalité, sinon de ce qu'il est de *la nature* de l'effet d'avoir une cause. Nier l'inclusion de l'attribut dans le sujet, c'est nier la raison de la nécessité. Les jugements nécessaires sont donc analytiques.

---

(1) On trouvera dans la troisième partie de cette étude la démonstration plus complète de la valeur du principe de causalité.

2e contradiction. Kant admet les formes à priori, comme provenant de la nature du sujet connaissant, parce que, dit-il, les objets, matière de l'expérience phénoménale, sont contingents et individuels, tandis que l'objet de la connaissance est nécessaire et universel.

Mais si les formes nécessaires et universelles ne peuvent venir du contingent et de l'individuel, comme le dit Kant, comment viendront-elles d'un sujet, qui est forcément contingent et individuel.

3e contradiction. Kant voudrait, pour que nous puissions avoir la certitude objective réelle, que la raison ne fût pas frappée de subjectivité. C'est prétendre à l'absurde ; c'est vouloir précisément la chose qui rendrait toute certitude, toute connaissance impossible ; c'est demander que la puissance véritablement objective ne fasse pas son apparition dans un sujet particulier, c'est demander qu'elle soit en dehors du sujet que je suis. Alors elle n'est rien pour moi, elle ne me confère aucune connaissance. Une telle raison qui, sous prétexte d'être universelle, infinie, absolue dans son essence, ne m'est pas subjective, est pour moi comme si elle n'était pas.

« Vouloir que la raison cesse entièrement d'être subjective, c'est demander une chose impossible à Dieu lui-même. Non, Dieu lui-même ne peut connaître qu'en le sachant, avec son intelligence et avec la conscience de cette intelligence. Il y a donc de la subjectivité dans la connaissance divine elle-même ; et, si cette subjectivité-là entraîne le scepticisme, Dieu aussi est condamné au scepticisme, et ne peut pas plus en sortir que nous autres hommes ; ou bien, si cela est trop ridicule, si la conscience que Dieu a de l'exercice de son intelligence

n'entraîne pas pour lui le scepticisme, la conscience
que nous avons de l'exercice de notre intelligence,
et la subjectivité attachée à cette conscience, ne l'en-
traînent pas davantage pour nous. » (COUSIN, *le Vrai*,
etc , p. 63.)

Admettons avec Kant que les formes à priori viennent
spontanément de notre esprit, ce n'est que reculer la
difficulté de leur origine, car il faut encore préciser leur
principe.

Dans l'hypothèse où ce principe serait extrinsèque, il
serait évidemment objectif en dehors de l'esprit, ce seraient des idées qui deviendraient termes de notre
connaissance et par conséquent les « noumènes » ou
êtres intelligibles non seulement ne nous seraient pas
cachés, mais ils seraient au contraire l'objet principal et
premier de l'entendement.

Quel que soit le principe extrinsèque, il doit être objectif. Les formes viennent-elles des objets de l'expérience
en tant qu'existant en eux, elles sont évidemment
objectives. Dans la doctrine de Platon, elles le sont encore. Si Dieu les a gravées dès le principe dans notre âme,
peut-on supposer qu'il nous ait fait ce don pour nous
tromper sur la réalité objective des choses et non pour
nous les faire connaître ?

Dans l'hypothèse où le principe serait intrinsèque,
c'est-à-dire en admettant que les formes découlent de
l'essence de l'âme, elles ne seraient que de simples
modifications subjectives et partant variables selon que
les individus seraient diversement modifiés. Pour lors le
vrai et le faux deviendraient quelque chose de subjectif
et ce serait la négation du principe de contradiction,
dont Kant lui-même reconnaît la vérité.

Si ces formes sont quelque chose d'intrinsèque à l'esprit, mais d'objectif en lui, le principe de cette objectivité sera l'esprit lui-même, qui sera la forme des formes, la forme principe.

Or, comme les formes ou idées sont infinies, en nombre,
l'esprit humain doit être infini. C'est ainsi que Fitche a
puisé dans Kant le principe de son panthéisme égoïstique.

Direz-vous que ces formes à priori sont de purs êtres
logiques, des modes ou relations que l'esprit ajoute à la
réalité des choses? Kant lui-même repousse cette hypothèse, car les êtres logiques supposent nécessaire la
réalité objective et celle-ci renversée, ils perdent eux-
mêmes toute valeur.

Quelle que soit d'ailleurs l'hypothèse, dès lors que
Kant fait de l'intellect, la cause efficiente de l'intelligible, il porte atteinte au principe de la passivité (1) de
notre esprit et il lui devient impossible de donner la *raison précise* de l'existence de telle ou telle forme dans
notre intellect.

Sortez de la doctrine qui admet l'objectivité de nos
connaissances, la question de la valeur de ces connaissances devient insoluble.

4e contradiction. Kant admet que nous avons une
connaissance certaine de nos pensées, de nos raisonnements. Or, nous ne pourrions avoir cette certitude, si,
par le principe de contradiction, nous n'étions objectivement certains que nous ne pouvons pas penser et ne pas
penser en même temps. Donc, en admettant la certitude

---

(1) Voir la seconde partie de cette étude.

de nos pensées, le Kantisme est obligé d'admettre la certitude objective sur laquelle elle repose.

5e contradiction. Pour démontrer que la certitude objective n'existe pas, les kantistes raisonnent et par conséquent s'appuyent sur des principes qui, d'après leur système, ne dépendent que de la constitution de l'esprit humain. La raison humaine ne peut sans cercle vicieux, résoudre par elle-même les doutes qu'elle forme sur sa légitimité.

Les kantistes sont donc obligés ou d'admettre la certitude objective de nos connaissances ou d'admettre que leurs preuves dans la critique de la raison pure sont absolument inefficaces et ne donnent aucune conclusion vraiment scientifique.

On voit par là combien les prétentions de Kant ont été déçues. Il disait dans sa préface : « Dans cette entreprise, je me suis appliqué à tout embrasser et j'ose dire qu'il n'y a point un seul problème de métaphysique qui ne soit ici résolu, ou, du moins, dont la solution ne trouve ici sa clef. » (KANT, *Préf. R. Pure*, p. 9.)

En vérité, entreprendre une telle tâche pour aboutir finalement à la négation de la science, au moins en fait, c'est un triste résultat et une étrange manière de résoudre des problèmes.

Kant et Hume

Le grand tort de Kant a été d'accepter la théorie de Hume sur la connaissance sensible. Le terrain était mauvais : il eût fallu l'abandonne..

Hume réduit la connaissance sensible à un pur phénomène subjectif. Hume ne nie pas cependant les caractères d'universalité et de nécessité qu'ont nos connaissances. C'est un fait qu'il admet. Ce fait, Kant le suppose et il cherche à l'expliquer d'une nouvelle manière, par les formes à priori ; mais comme il réduit la connaissance sensible à un phénomène subjectif, il reste dans la doctrine erronée de Hume et sans s'en douter demeure empirique.

« Serviteur à son insu de l'école empirique dont il se porte l'adversaire, il lui fait cette concession immense que ses principes ne s'appliquent qu'aux impressions de la sensibilité, que leur rôle est de mettre ces impressions dans un certain ordre, mais qu'au delà de ces impressions, au delà de l'expérience, leur puissance expire. Cette concession a ruiné toute l'entreprise du philosophe allemand.

« Kant, affligé du scepticisme de son temps, se proposa de l'arrêter en lui faisant une juste part. Il crut désarmer Hume en lui accordant que nos conceptions les plus hautes ne s'étendent pas hors de l'enceinte de l'esprit humain, en lui restituant les principes universels et nécessaires qui le dirigent. Mais selon la forte expression de M. Royer-Collard, on ne fait point au scepticisme sa part : aussitôt qu'il a pénétré dans l'entendement humain, il l'envahit tout entier. Autre chose est une circonspection sévère, autre chose le scepticisme. Le doute n'est pas seulement permis, il est commandé par la raison sur l'emploi de nos diverses facultés ; mais dès qu'il tombe sur la légitimité même de nos facultés, il n'éclaire plus la raison, il l'accable. En effet, avec quoi voulez-vous qu'elle se défende, dès lors que vous l'avez mise elle-même en question ? Kant a donc renversé lui-même le dogmatisme qu'il se proposait à la fois de contenir et de sauver, au moins en morale, et il a engagé la philosophie allemande dans une route au bout de laquelle était un abîme. En vain ce grand homme, car ses intentions et son caractère, sans parler de son génie, lui méritent ce nom, a-t-il institué avec Hume une lutte ingénieuse et savante ; c'est lui qui a été vaincu dans la lutte et c'est Hume qui est resté maître du champ de bataille. » (Cousin, *le Vrai*, etc., p. 56.)

Donc réfuter Hume, c'est réfuter Kant en même temps, puisque celui-ci accepte, comme point de départ, la conclusion de Hume.

D'après ces philosophes, les sens ne nous donnent un témoignage certain que du phénomène qu'ils éprouvent; donc nous ne savons rien sur la réalité des corps existant hors de nous.

Je nie cette conclusion : les sens sont véraces, ils ont un critère de vérité, dans leur témoignage sur la réalité des corps extérieurs.

Pour nier la véracité du témoignage des sens, surtout en pratique, il faudrait, comme le voulait Pyrrhon, que l'homme, par la raison, se dépouillât à tel point de sa propre nature qu'en face d'un animal dangereux, il se convainquît que c'est une pure impression et qu'il n'y a pas à fuir.

1° Il est insensé de dire que l'homme a reçu la raison pour se dépouiller de sa nature, en philosophant, et non pour la suivre et la perfectionner ; donc il faut admettre la véracité du témoignage des sens.

2° Nous avons reçu de la nature un organisme sensoriel admirable dans sa perfection et destiné à recevoir des impressions d'extériorité. Or, cet organisme doit nous servir à entrer dans la relation avec le monde extérieur, sinon il est d'une ridicule inutilité.

3° Les idéalistes eux-mêmes reconnaissent ce fait subjectif que la sensation me représente les corps comme extrinsèques à moi-même. D'où peut venir cette apparence ? Je ne puis faire que deux hypotèses : ou bien cette représentation provient de l'organisme sensoriel lui-même ; mais alors comment expliquer qu'une modification purement subjective puisse produire une impression ayant des caractères d'objectivité si intense ? En soutenant une telle hypothèse, vous ne ferez que grandir la difficulté sans expliquer le fait ; ou bien il faut dire que cette impression d'extériorité provient de l'extériorité réelle des corps, réellement existant hors de nous.

4° Voici maintenant un autre fait reconnu encore par les idéalistes.

Il est certain que mon organisme sensoriel est radicalement indéterminé ou indifférent à sentir A ou B ; mais, lorsqu'il sent, il sent déterminément. S'il sent A, ce n'est point B qu'il sent. D'où peut venir cette détermination ? Ce n'est pas de l'organisme sensoriel, puisqu'il est radicalement indéterminé et qu'il répugne que l'indéterminé soit le principe de la détermination. Celle-ci vient donc de l'objet extérieur.

Je dis donc que les sens sont véraces dans le témoignage qu'ils me fournissent de la réalité des corps ; il ne leur appartient pas de pénétrer la nature de ceux-ci, cela est l'affaire de l'intellect ; mais ils m'attestent leur existence en tant qu'ils les atteignent comme se révélant par leurs qualités sensibles.

A cette doctrine les idéalistes font plusieurs objections.

1re Objection. — En admettant la réalité objective de la sensation externe, il faut admettre comme conséquence que les corps agissent sur l'âme, ce qui ne se peut en aucune manière.

Les corps, répondrons-nous, n'agissent pas sur l'âme, mais sur l'organisme animé : l'organisme sensoriel n'est impressionnable qu'autant qu'il est vivant. C'est de l'impression des sensibles sur les sens que résulte cette affection, qui est la sensation : voilà le fait indéniable ; mais vouloir connaître dans sa nature intime cette action des sensibles sur les sens, c'est vouloir pénétrer un mystère de la nature.

Saint Thomas (*Quæs. dis. de Veritate qu.* 1 *art.* xi) remarque que les sens sont comme un milieu moyen entre l'entendement et les choses ; les sens sont à l'entendement ce que les choses sont aux sens.

Quodam modo medius inter intellectum et res. Etenim rebus comparatus quasi intellectus et intellectui comparatus quasi res quædam.

D'ailleurs, il n'est pas démontré qu'il soit absolument

impossible aux corps d'agir immédiatement sur l'âme et on pourrait, s'il en était besoin, prouver le contraire (1).

2ᵐᵉ *Objection*. — L'impression ou affection, c'est-à-dire la sensation, est quelque chose de subjectif et d'immanent en nous ; or, ce qui est ainsi subjectif ne peut être rapporté au réel objectif, à l'extra-subjectif ; donc la sensation ne peut être rapportée à des corps existant hors de nous.

Cette objection provient d'une analyse incomplète de la sensation. Saint Thomas, qui lui aussi a fait de la critique, a remarqué que la sensation a un double caractère : si on la considère comme affection, elle a un caractère objectif ; mais comme connaissance, elle a un caractère subjectivo-objectif ; car pour lors elle se rapporte nécessairement à un terme, qui est le connu. Or, ce terme, nous l'avons montré, ne peut être que l'objet externe, par lequel elle est éveillée.

3ᵐᵉ *Objection*. — Ceux qui rêvent ou sont dans le délire affirment voir et sentir des êtres, qui cependant n'existent pas. Donc il est à craindre que, de même en l'état de veille, nous voyions et sentions des êtres non réels ; par conséquent nous avons une juste raison de douter.

Cette objection puérile ne mériterait pas une réponse.

Lorsque j'accorde une valeur au témoignage des sens, il faut qu'ils soient dans un état normal. Or, dans le sommeil et le délire, les sens ne fonctionnent pas selon leur activité normale. Autant vaudrait dire que la

---

(1) Nous ne voulons pas nous engager dans l'explication de la causalité physique des sacrements à laquelle nous faisons ici une simple allusion.

ser ...ion même subjective de couleur n'est pas certaine, parce que les aveugles n'ont pas cette sensation.

D'ailleurs, même à l'état de sommeil, il existe parfois une certaine anxiété des facultés perceptives, qui doutent de la réalité du songe et qui, après l'éveil en prononcent fermement l'inanité.

4e Objection. — Les sens externes nous attestent que les qualités, par lesquelles ils sont affectés, résident dans les corps. Ainsi j'ai la sensation du chaud. Or cette sensation est toute en moi, elle ne réside pas dans le corps, qui seulement m'apparaît chaud. Donc le témoignage des sens est illusoire.

L'objection vient encore d'une analyse sophistique de la sensation. Il est vrai que les affections du sujet sentant sont en lui et non dans les choses ; mais les causes de ses affections ne sont pas en nous ; elles sont dans l'objet qui produit les sensations.

L'impression de la chaleur est en moi, mais c'est le feu, en dehors du sujet, qui en est la cause, qui la provoque.

Concluons :

En laissant de côté la question de la nature intrinsèque et du mode d'existence des choses perçues par les sens, nous devons reconnaître que les sens nous attestent au moins l'existence du monde extérieur et nous mettent en relation avec lui. C'est à la raison qu'il appartient ensuite de chercher la nature et le mode d'existence de ce monde extérieur.

Kant a donc eu le tort, avant de critiquer le travail de la raison, d'accepter comme base de son système la conclusion de Hume, de lui accorder l'incapacité des sens à nous révéler avec certitude le monde extérieur.

Kant et Saint Thomas

Nous allons essayer de comparer le système scolastique avec le criticisme kantien.

Kant et saint Thomas admettent deux éléments dans la connaissance, mais Kant refuse à l'esprit la vigueur nécessaire pour dégager l'intelligible du matériel ; il doit donc, d'après lui, le posséder à priori.

Kant et saint Thomas admettent que l'esprit ne peut concevoir sans être actif ; mais Kant rend l'objet de cette activité absolument subjectif.

Kant et saint Thomas admettent que l'essence dans le réel a en acte un mode d'exister différent de celui qu'elle a dans l'intellect ; mais Kant va jusqu'à prétendre que l'essence elle-même est différente dans le réel de ce qu'elle est dans l'intellect.

C'est là à notre avis où gît toute l'illusion du philosophe allemand, qui ne distingue pas dans l'être, l'essence et le mode de l'existence et conclut de l'un à l'autre. L'existence est contingente et singulière dans les êtres de ce monde, mais l'essence, au contraire, prise en soi, est nécessaire et universelle, bien qu'elle puisse avoir un mode d'existence matériel, contingent et singulier.

Kant part donc d'une fausse supposition, lorsqu'il affirme que les éléments, sur lesquels s'appuye toute la certitude de notre connaissance, ne viennent pas de l'expérience, mais du sujet connaissant.

Sans doute les choses qui existent dans le domaine de l'expérience, soit interne, soit externe, sont singulières et contingentes ; mais est-il bien vrai que l'universel n'existe pas réellement dans les êtres singuliers ? Kant établit il qu'il nous soit impossible de le considérer à part, d'en saisir l'universalité et la nécessité, en le séparant de ses conditions contingentes et singulières d'existence réelle et d'obtenir aussi une connaissance scientifique ? Platon lui-même qui, le premier, avait distingué dans la connaissance l'élément universel, n'était pas allé si loin et en avait, dans son système, reconnu la valeur objective.

Le système de Kant est donc le système de la scission par la confusion ; celui de saint Thomas est celui de l'union par la distinction.

Evitant comme extrêmes les utopies de l'ontologisme et les conclusions sceptiques du sensisme et de l'idéalisme exagérés, le système scolastique a pour lui les avantages du sens commun et de la clarté.

Il analyse la connaissance et dans cette analyse rend à chaque faculté la part qui lui est due. Rien n'est dans l'intellect humain sans le concours des facultés sensibles ; mais l'intellect n'en demeure pas moins suprasensible, puisque seul il pénètre, comme son nom l'indique, dans l'intime essentiel des êtres.

L'intelligence de l'homme, ou mieux, l'intellect humain (car l'intelligence est plutôt l'opération de l'intellect) est une pure puissance qui est indifférente de soi à avoir telle ou telle idée, ainsi que nous le démontre l'expérience. Je pense maintenant à une chose, mais je puis penser à une autre. Les scolastiques, pour exprimer cette indifférence de l'intellect, l'ont nommé « intel•

lect possib'e », non pas qu'il ne soit quelque chose d'existant, mais parce qu'il est en puissance de recevoir des idées et qu'il passe de cet état de puissance à l'acte même de la conception. Donc l'intellect est d'abord « une table rase » ; il est tel dans l'enfant qui vient de naître.

Mais comment les idées s'y gravent-elles ? Laissons la parole à Kant qui ici est d'accord avec nous.

« Il n'est pas douteux que toutes nos connaissances ne commencent qu'avec l'expérience ; car par quoi la faculté de connaître serait-elle appelée à s'exercer, si elle ne l'était point par les objet qui frappent nos sens et qui d'un côté produisent d'eux-mêmes des représentations et qui de l'autre excitent notre activité intellectuelle.

...... Aucune connaissance ne précède donc en nous dans le temps l'expérience, et toutes commencent avec elles. » (Kant. *intr*. 45.)

Ainsi les scolastiques disent que nous ne pouvons selon notre nature acquérir aucune idée sans l'intervention des sens ou au moins des images sensibles fournies par l'imagination mais venant toujours originairement des sens. L'homme est essentiellement composé d'un corps, et d'une âme raisonnable ; or, puisque l'activité d'un être est en raison de son essence, la connaissance humaine ne doit pas se produire sans un concours quelconque de la part du corps. La connaissance de l'animal est purement sensible, celle de l'homme, qui est un animal raisonnable, doit être sensitivo-intellectuelle.

Donnons encore la parole à Kant.

« La capacité de recevoir, la réceptivité des représentations des objets par la manière dont ils nous affec-
tent, s'appelle sensibilité. C'est donc au moyen de la
sensibilité que les objets nous sont *donnés* et elle seule
nous fournit des intuitions ; mais c'est par l'entendement qu'ils sont *pensés* et c'est de lui que sortent les
concepts. Toute pensée doit aboutir, en dernièıe analyse
soit directement, soit indirectement, à des intuitions et
par conséquent à la sensibilité, qui est en nous, puisqu'aucun objet ne peut nous être donné autrement. »
(KANT, 1ʳᵉ part. *R. P.* 1, page 73.)

Donc, Kant le reconnaît avec nous, toutes nos idées,
même celles qui représentent des êtres spirituels, ont
besoin, pour se former, de trouver préalablement des
images sensibles, des fantômes. Nous connaissons l'im-
matériel par le matériel en niant la composition ; nous
connaissons l'infini par le fini en niant la limite ; l'in-
créé par le créé en niant l'incausabilité, etc., etc.

Kant a dit quelque chose de semblable :

« Si donc on suppose donné l'objet d'une intuition non
sensible, on peut sans doute la représenter par tous les
prédicats déjà contenus dans cette supposition, que rien
de ce qui appartient à l'intuition sensible ne lui convient ; ainsi l'on dira qu'il n'est pas étendu, ou qu'il
n'est pas dans l'espace, que sa durée n'est point celle
du temps... mais ce n'est pas posséder une véritable
connaissance que de se borner à montrer ce que n'est
pas l'intuition d'un objet sans pouvoir dire ce qu'elle
est. » (KANT. *Déduction des Concepts purs*, § 23, p. 175).

Il y a du vrai dans cette observation de Kant, mais
il commence à s'écarter du système scolastique, qui ne

va pas jusqu'à nier que la connaissance du suprasensible soit une véritable connaissance.

Nous disons que de cette nécessité de concevoir intellectuellement avec le concours des fantômes provient la
difficulté que nous rencontrons dans l'étude des abstrac-
tions et c'est pour y obvier que les scolastiques emploient des mots qui ne disent presque rien à l'imagination, mais qui cependant lui donnent un aliment
suffisant, pour que l'intellect puisse agir.

Ici, Kant se sépare, nous l'allons voir, complètement
de nous; c'est à un autre point de vue et avec une autre
méthode qu'il va analyser les concepts intellectuels.

« A l'aide de ce changement de méthode, dit-il, il
est facile de s'expliquer la possibilité d'une connaissance à priori et ce qui est plus important de munir de
preuves suffisantes les lois qui servent à priori de fonde-
ment à la nature considérée dans l'ensemble des objets
de l'expérience ; deux choses qui étaient impossibles
jusqu'ici. » (KANT, *Rais. Pur. préf. 2e*, p. 26.)

Cette impossibilité nous la nions ; car l'analyse sco-
lastisque tout en rejetant l'à priorisme explique à notre
satisfaction le *processus* de la connaissance.

La couleur, par exemple, frappe mon œil et l'impres-
sionne : voilà un phénomène purement physique ; le
nerf optique s'ébranle et cet ébranlement dans un organisme vivant est le phénomène physiologique, qui est
la sensation de la couleur ; ainsi la couleur est l'objet
de la sensibilité : c'est une image, disent les latins, un
fantôme disent les grecs. L'imagination, *la fantaisie*
conserve, reproduit et combine les images.

C'est de ces fantômes que l'intellect doit tirer une

représentation non plus sensible mais intelligible de l'objet ou plutôt de l'essence de l'objet, car c'est l'essence qui est intelligible et qui est l'objet propre de l'intellect.

Il appartient à toute faculté de tendre vers son objet propre et de le saisir. Donc l'intellect ne doit pas seulement être indifférent à recevoir n'importe qu'elle idée ; il faut qu'il acquière des idées, qu'il se forme des idées. Il doit être non seulement possible, il doit aussi être agent. C'est pour mieux analyser les phases de l'acte intellectuel que saint Thomas distingue l'intellect possible et l'intellect agent.

Le sujet connaissant, qui est en même temps sensible et intellectuel est éveillé par les fantômes imaginatifs ; l'intellect agent abstrait les essences de leurs conditions matérielles, il les illumine de sa lumière, il en fait *des espèces impresses*.

C'est alors que l'intellect possible que désormais, à raison de sa réceptivité, nous nommerons *patient*, acquiert ces espèces impresses et connaît par elles l'objet extramental. L'acte de la connaissance est alors achevé : d'impresse l'espèce devient expresse ; c'est un concept ou verbe mental.

L'espèce impresse se nomme forme intellectuelle ou idée, parce qu'elle détermine l'intellect possible à la connaissance et représente l'objet comme intelligible.

L'espèce expresse est le terme de l'opération de l'intellect ; c'est alors qu'il se représente l'objet *comme actuellement connu*. C'est le verbe mental, parce que l'intellect en connaissant la chose, parle comme en lui-même, c'est-à-dire s'exprime intellectuellement l'objet qu'il entend.

En un mot, l'espèce impresse détermine l'intellect à connaître et, quand elle est devenue expresse, il connaît l'objet.

Il ne faut pas confondre le *verbe mental* terme de l'opération intellectuelle, avec le *verbe oral*, qui l'exprime d'une manière sensible et conventionnelle et n'est qu'un produit de l'imagination.

Tel est le simple exposé du système scolastique : il est basé sur l'unité du sujet sentant et pensant , c'est une analyse méticuleuse de ce que dit le simple bon sens.

Est-il possible de pousser plus loin l'analyse et la critique pour établir la valeur de notre connaissance ?

Kant l'a prétendu et il s'est proposé de déterminer cette valeur, en soutenant l'à priorisme de notre connaissance.

Il part de deux faits : 1° l'existence du sujet connaissant; 2° l'existence d'un monde extérieur réel, qui fournit l'élément contingent de la connaissance.

Mais le *processus* du système amène Kant à conclure qu'en fait il n'y a point de sujet véritablement connaissant, puisqu'il n'y a pas de vraie connaissance et que le réel objectif, que le monde extérieur demeure inconnu.

« Cette faculté, dit Kant, n'atteint que des phénomènes, sans pouvoir s'étendre aux choses en soi qui, *bien que réelles*, nous restent inconnues. » (KANT, *Préf.* 2°, p. 27.)

La critique de Kant est donc en opposition avec son principe et son analyse détruit la connaissance même qu'elle présuppose.

Le système thomiste a dans ses conclusions et son

ensemble, les caractères de la vérité, parce qu'il est logique ; celui de Kant doit être rejeté comme contradictoire et partant erroné.

Faut-il cependant considérer la philosophie de Kant comme dépourvue de toute valeur ? Non certes. Kant est un éminent psychologue et s'il s'est trompé dans ses conclusions, c'est qu'il a voulu se placer à un nouveau point de vue. Jusqu'à lui, en effet, l'analyse de la connaissance avait été faite en se plaçant au point de vue objectif ; lui, au contraire, a voulu se placer au point de vue subjectif.

N'accordant plus aucune valeur objective aux principes, Kant doit conclure conformément à son hypothèse : toute sa démonstration doit tendre au subjectivisme.

Oui, il y a d'abord une hypothèse ; car il faudrait tout d'abord démontrer que la critique doit se faire au point de vue subjectif. Or, c'est ce que Kant a négligé de prouver, car on ne peut appeler *preuve* le prétexte qu'il a apporté pour justifier sa méthode.

Parce que, dit-il, le système de l'objectivisme nous conduit à l'affirmation d'une foule de problèmes insolubles et qui découragent la raison, ce système doit être abandonné.

Mais Kant a-t-il évité, par son système, les inconvénients qu'il signale dans la vieille méthode. Non certes. Au dogmastime prétendu, Kant a substitué des principes contraires à l'expérience, des assertions gratuites ; il a soulevé des problèmes encore plus insolubles puisqu'il a mis en doute la valeur objective de la raison et son système, loin de rétablir les vérités niées par l'incrédulité, ouvre la porte, par un scepticisme spécieux, aux conséquences morales les plus déplorables.

Le système de Kant ébranle toutes les convictions et légitime la morale indépendante. Puisque Kant a prétendu que sa méthode devait être jugée dans son ensemble et dans ses résultats, nous pouvons la condamner.

Concluons : si Kant eût accepté la méthode objective des scolastiques, il eût apporté dans l'analyse de la connaissance la subtilité et la réflexion qui caractérisaient son génie et eût ainsi rendu un réel service à la philosophie. Au lieu de rompre avec ses devanciers, il eût approfondi et complété leurs travaux. C'est là la marche naturelle de l'esprit et le véritable progrès dans les sciences philosophiques.

L'objectivisme, malgré les problèmes qu'il déclare ne pouvoir résoudre, laisse l'esprit dans son assiette. Quoiqu'en dise Kant, le doute ne peut pas être l'état normal et rationnel de l'être intelligent.

S'il est des kantistes convaincus, disons que ce sont des intelligences qui, malgré leur supériorité, sont malades et qu'il faut les guérir.

« Le fait du doute de la raison sur elle-même n'est pas dans la nature humaine ; l'y introduire ce serait la condamner à un désespoir qui ferait de la vie la plus irrémédiable, la plus horrible des tortures. Il est triste de penser que quelques hommes, peut-être ont vécu en proie à ce mal effrayant, dont l'idée seule est un supplice atroce ; mais il est consolant pour l'humanité de savoir que ces hommes, malades dans leur intelligence, étaient sortis des conditions de la nature humaine ; et qu'en perdant la faculté de croire, donnée à tous les hommes, comme d'autres perdent la sensibilité morale, qui appartient aussi à la nature humaine, loin de perfectionner leur intelligence, ils l'ont tristement abaissée. Non, l'humanité n'est pas faite comme le prétend le scepticisme ; l'intelligence ne doute pas d'elle-même ; elle croit au contraire ; elle affirme avec pleine confiance ; elle trouve en elle, pour croire et pour affirmer une irrésistible impulsion et un appui qu'elle ne produit pas, mais qu'elle accepte ; voilà les faits. S'il y en a d'opposés à ceux-là, s'il y a le fait du doute de l'intelligence sur elle-même, c'est une maladie, un état anormal, une exception qui n'infirme, ni ne détruit le fait général de la confiance et de la sécurité qui accompagnent et qui soutiennent les affirmations de l'intelligence. » (D. MALRIC, *Program. d'un C. de philosophie.*)

DEUXIÈME PARTIE

CRITIQUE DE LA CONNAISSANCE HUMAINE

D'APRÈS SAINT THOMAS D'AQUIN

Tableau des Facultés de l'Ame

FACULTÉS PASSIVES

Sensibilité — externe — toucher.
                   — goût.
                   — odorat.
                   — ouïe.
                   — vue.
       Interne. — sens commun (*de subjecto sentiente.*)
                   — imagination (*de absente.*)
                   — estimative (*de utili et nocivo.*)
                   — mémoire sensible (*de præterito.*)
Intellect — passible ou patient (*species expressa seu verbum.*)
      — agent (*species impressa per abstractionem universalis.*)

FACULTÉS APPÉTITIVES

Sensualité — concupiscible — amour et haine.
                            désir et fuite.
                            détestation ou tristesse.
           irascible   — espoir ou désespoir.
                            audace ou peur.
                            colère.
Volonté   — absolue.
              libre.

II

Critique de la Connaissance Humaine

D'après saint Thomas d'Aquin

___

Les Facultés cognoscitives de l'Ame humaine

Le tableau qui précède montre dans un seul coup d'œil l'ensemble des facultés cognoscitives de l'âme et des appétits qui y correspondent.

Dans un opuscule de quelques pages seulement (1) et qui est le quarante-troisième de la collection des opuscules de saint Thomas d'Aquin, le docteur angélique a fait une description très étudiée de nos diverses puissances cognoscitives.

Ce petit ouvrage devrait être entre les mains de tous les étudiants de philosophie scolastique. Il est court, clair et précis et l'emporte de beaucoup, à ces trois points de vue, sur la plupart des manuels scolaires de psychologie thomiste.

Le saint docteur établit, dans son système, un certain

___

(1) *De potentiis animæ.*

parallélisme entre la perception sensible et la perception intellectuelle.

Il a remarqué que l'intelligence comme l'imagination conserve la représentation des choses ; c'est sur cette remarque qu'il fonde son parallélisme.

Le sens saisit dans l'objet l'apparence, *species*, qui est son objet propre, et de cette apparence la sensibilité perceptive fait une image qui lui représente l'objet. L'intellect saisit de même dans l'objet l'essence, *species*, *forma*, qui, en tant qu'intelligible, est son objet propre, et à l'aide de cette *species impresse*, il fait une *species expresse*, un verbe mental qui représente l'objet.

Ainsi l'homme est à l'image de son Créateur. Dieu voit son essence, mais sans avoir besoin de *species impresse*, car cette essence est présente à l'intelligence divine, puisqu'elle est cette intelligence.

Ainsi par son essence et sans le secours de la *species impresse* Dieu engendre son Verbe éternel.

(Voir *Sum. contra Gentiles*, liv. I, chap. 53, ainsi que l'opuscule de saint Thomas, *De Differentia Verbi divini et humani.*)

Les Intentions. — *(intentiones)*

Cette expression *intentiones* qui revient souvent sous la plume de saint Thomas d'Aquin, dans l'étude des facultés de l'âme, a besoin d'être expliquée ou plutôt d'être traduite exactement. Nous pensons que le mot « aspects » est celui qui rend le mieux en bon français ce terme scolastique.

Dans l'opuscule *de Potentiis animæ*, opuscule dont nous avons déjà parlé, saint Thomas traite de cette faculté sensible qu'il nomme « estimative » et qui n'est autre que cet instinct animal, en vertu duquel la brebis fuit le loup qu'elle sent être son ennemi, et l'oiseau assemble les brins de paille, pour construire son nid.

Il faut donc, conclut saint Thomas, admettre chez les animaux un sens interne qui leur fait percevoir certains aspects, *intentiones*, d'utilité ou de nocivité, dans les objets sensibles, aspects différents de ceux qui sont les objets propres des sens externes.

On voit donc maintenant ce que veut dire saint Thomas lorsqu'il dit que l'idée est *intentio rei intellectæ*. L'idée c'est l'objet sous son aspect d'intelligibilité.

Notre intellect ne peut pas, comme Dieu, voir tout à la fois. Pour cette vision totale, notre intellect devrait prendre simultanément la forme de tout ce qu'il percevrait, chose impossible et absurde.

Dieu voit tout dans son unique essence, tandis que

nous connaissons les choses dans leurs réalités singulières (1) ; or, dans leurs réalités singulières, elles n'ont
pas un être unique. Si nous voulons considérer plusieurs choses en même temps, il faut les envisager sous
l'aspect de · leur intelligibilité, de leur universalité.
C'est ainsi que nous pouvons les unir, les comparer et
former des propositions et des raisonnements. Il faut
donc une opération par laquelle l'intellect se fixe à telle
ou telle idée, *intentio*, et considère en même temps plusieurs choses sous un *aspect* unique, dans leur être
intelligible.

En Dieu, il n'y a pas plusieurs *intentiones*, car il
voit tout d'un coup toute son essence, toute la vertu
de son essence, sous laquelle toutes ses œuvres se trou-
vent comprises. (*Sum. contra Gentiles*, liv. I, chap. 55
et 69.)

---

(1) On ne veut pas dire que Dieu ne connaisse pas la singularité
réelle des choses ; mais on veut dire que la connaissance divine a,
pour objet premier, l'essence divine elle-même et qu'elle ne dépend
pas, comme la connaissance humaine, de la singularité des choses.

L'Intellect possible ou patient

Saint Thomas. (*Sum. Theol.* p. I qu. 79. art. II) se pose cette question :

L'intellect est-il une puissance passive ?

Cajetan fait observer que saint Thomas n'examine point ici, si l'intellect est exempt de toute activité dans ses opérations ; il réserve pour plus tard cette question. (Art. III.)

Il s'agit donc ici de savoir si l'intellect, dans son acte premier et essentiel, est une puissance passive, par rapport à l'intelligible.

Dans le corps de l'article, saint Thomas commence par bien préciser ce qu'il faut entendre par les mots « passif » et « passion » ; puis, en une seule conclusion, il répond affirmativement à la question.

Les mots « passif, passion » viennent du latin *pati*, qui signifie « souffrir ».

Donc dans leur sens propre, ils sont employés, lorsqu'on veut dire qu'un être subit la privation d'une chose qui lui est naturelle, qui est conforme à ses inclinations. Ainsi, lorsqu'un homme devient malade, il souffre, il est passif. Le récit des tortures que l'on a fait subir au Rédempteur est appelé « récit de la passion de Jésus-Christ ».

Dans un sens moins propre, les mots « passif » et « passion » se rapportent à toute espèce de changements fâcheux ou favorables. Ainsi l'homme est passif soit qu'il perde, soit qu'il recouvre la santé. C'est ainsi que les mots « passer, passage » viennent de *pati*.

Dans le sens le plus usité et le plus large, ces mots « passif » et « passion » s'appliquent à tout ce qui étant en puissance, reçoit ce à quoi il était en puissance, sans *cependant être privé de quelque chose*. Dans ce sens tout ce qui passe de la puissance à l'acte peut être dit *passif*, même lorsqu'il s'agit d'un perfectionnement.

C'est dans ce sens que saint Thomas soutient que la connaissance intellectuelle est une passion.

Mais avant d'établir cette thèse, il faut observer ce qu'il y a de commun et de différent dans les diverses acceptions du mot « passif ».

Dans toutes les trois, on trouve un ordre de la puissance à l'acte, c'est-à-dire, un passage et, en second lieu, quelque chose qui n'était pas auparavant dans le sujet.

Mais, dans la première acception du mot, la réception nouvelle comporte la perte d'une chose, qui cependant conviendrait mieux au sujet que celle qu'il reçoit.

Dans la seconde acception, on n'a aucun égard à cette convenance et dans la troisième il n'y a aucun détriment pour le sujet.

Il faut remarquer en outre que dans la troisième acception des mots « passif » et « passion », acception qui a une grande latitude, ce qui est reçu peut être aussi bien l'acte premier que l'acte second. Néanmoins, d'après le contexte, il ressort que saint Thomas parle ici de l'acte premier et par conséquent du premier degré de passivité. En effet c'est de ce premier degré que la puissance est dite *passive* dans un sens absolu, car au second degré ou pour la réception de l'acte second, elle n'est plus passive qu'à un certain point de vue, puisqu'elle a déjà l'acte premier.

Il faut remarquer enfin que l'ordre entre ce qui reçoit et ce qui est reçu peut être un ordre de nature, sans être un ordre de temps. Ainsi la lune est, selon sa nature, antérieure à la lumière qu'elle reçoit du soleil, bien qu'il soit astronomiquement probable que l'existence de la lumière solaire précède la formation de notre satellite.

Cet ordre peut aussi être simultanément un ordre de nature et de temps, découlant de la nature même des choses ; d'après cet ordre, la puissance doit naturellement précéder l'acte au point que, pour parler sous forme négative, elle ne peut selon sa nature lui être contemporaine.

Ces observations nous permettent de bien préciser le sens du texte de saint Thomas et de conclure que lorsqu'il pose cette question : « l'intellect est-il, dans son acte premier, une puissance passive ? » on pourrait la traduire ainsi : « l'intellect possède-t-il à priori des formes intellectuelles ou bien toutes les formes intellectuelles sont-elles acquises ? »

C'est donc la même question posée par Kant et résolue avant lui par saint Thomas.

Kant n'a donc pas été le premier à critiquer la valeur de la connaissance intellectuelle. Saint Thomas l'avait critiquée avant lui et il avait répondu qu'elle avait une valeur objective, dès lors que l'intellect était une puissance passive pour son acte premier, c'est-à-dire à priori.

Saint Thomas va démontrer la chose jusqu'à l'évidence.

« Quod quidem hac ratione *apparet*. »

L'opération intellectuelle disent Kant et saint Thomas se rapporte à l'être, à un point de vue universel.

« Intellectus enim habet operationem circa ens in universali. »

Donc pour discerner si l'intellect est une puissance active ou passive, si la connaissance intellectuelle a une valeur subjective ou objective il faut critiquer « *consideratur quomodo* » l'attitude de l'intellect par rapport à l'être universel.

« Considerari ergo potest utrum intellectus sit in actu vel in potentia *ex hoc* quod *consideratur quomodo* se habeat ad ens universale. »

Supposons maintenant, qu'un intellect quelconque soit par rapport à l'être universel comme l'acte de tout cet être c'est-à-dire que cet intellect soit l'être absolu.

« Invenitur enim aliquis intellectus quod ad ens universale se habet sicut actus totius entis. » Je dis que j'ai pour lors l'intellect divin : *Et talis est intellectus divinus*. C'est l'essence divine en laquelle tout être préexiste comme dans sa cause première. « Quia est Dei essentia in qua originaliter et virtualiter totum ens præexistit sicut in prima causa. »

Donc en Dieu l'intelligence n'est pas une puissance passive ; Dieu est une intelligence au souverain degré d'actualité ; Dieu est un acte absolument pur de toute potentialité. « Et ideo intellectus divinus non est in potentia, sed est actus purus. »

Saint Thomas admet, on le voit, l'apriorisme de Kant pour l'intellect divin ; on pourrait dire ainsi que la science divine est éminemment subjective, car Dieu voit tout dans sa propre essence et les choses ne sont en dehors de lui que selon ses idées archétypes.

Mais cela est-il encore vrai, lorsqu'il s'agit de l'intellect humain qui, selon la doctrine thomiste et le système kantien, est contingent et fini ?

Non, répond saint Thomas, l'intellect humain ne peut être la forme, l'origine, le principe de l'être universel.

« Nullus autem intellectus creatus potest se habere ut actus respectu totius entis universalis. »

L'être universel s'applique, en effet, à tous les êtres intelligibles et à chacun d'eux ; cette forme contient toutes les autres formes. Ainsi qui nomme une catégorie, un genre, une espèce, un individu énonce l'être. Or, le nombre des intelligibles étant infini, le nombre des formes étant infini, pour les posséder à priori et non passivement, il faudrait que l'intellect humain fût infini : *Quia sic oporteret quod esset infinitum.*

Voilà de la critique ou je veux qu'on me pende. Kant est parti d'une hypothèse pour résoudre un problème et il a conclu sans en examiner les données. Saint Thomas, au contraire, a fait cette analyse de l'intellect et de l'intelligible et il n'a conclu qu'après.

Donc tout intellect humain par le fait qu'il est essentiellement fini n'est pas l'acte, la forme à priori des intelligibles, mais il est par rapport à eux, comme une puissance par rapport à l'acte.

« Unde omnis intellectus creatus, per hoc ipsum quod est, non est actus omnium intelligibilium, sed comparatur ad omnia intelligibilia sicut potentia ad actum. »

Opposons à ce texte une citation de Kant :

« Que l'on cherche, dit-il, si nous ne serions pas plus heureux dans les problèmes de la métaphysique, en supposant que les objets se règlent sur notre connaissance, ce qui s'accorde déjà mieux avec ce que nous désirons expliquer, c'est-à-dire avec la possibilité d'une connaissance à priori de ces objets qui établisse quelque chose à leur égard avant même qu'ils nous soient donnés. » (KANT, *R. P.* préf., 2ᵉ éd., p. 24.) Et ailleurs il dit encore : « Nous ne connaissons à priori des choses que ce que nous y mettons nous-mêmes » (*Ibid.* p. 25.)

Nous concluons donc contre Kant que notre intellect est actué par les intelligibles à l'égard desquels il a une attitude passive, c'est-à-dire qu'il est réglé et mesuré par ceux-ci dans l'acte de la connaissance et qu'il n'est pas leur règle et leur mesure.

Saint Thomas pousse plus loin ses investigations critiques sur l'attitude de l'intellect à l'égard des intelligibles. Les lumières, que le saint docteur possède comme théologien, lui permettent d'avoir des aperçus, auxquels la philosophie est redevable d'une analyse plus profonde de la puissance intellectuelle.

Une puissance, dit il, peut avoir à l'égard de son acte deux attitudes : « Potentia autem dupliciter se habet ad actum. »

Il y a une puissance qui est toujours parfaite relativement à son acte : « Est enim quædam potentia quæ semper est perfecta in actum, sicut dicimus de materia corporum cœlestium. »

Laissant de côté l'exemple erroné des corps célestes,

nous pouvons faire comprendre ce qu'entend dire saint Thomas, en apportant l'hypothèse du cartésianisme.

Dans le système cartésien, l'intelligence n'est pas constituée par des formes à priori, c'est encore une puissance passive, mais qui a reçu dès son origine des idées innées. Kant n'admet pas cette distinction entre l'intellect et la forme à priori. L'intellect a cette forme par le fait même qu'il est intellect humain. Le cartésianisme admet que l'intellect est antérieur à l'idée innée par nature, mais non au point de vue du temps.

Cette observation faite, continuons de dire avec saint Thomas qu'il y a aussi une puissance qui n'est pas toujours en acte, mais qui passe de la puissance à l'acte. Il y a alors, pour la puissance, priorité de nature et de temps.

Par exemple : l'hydrogène et l'oxygène sont en puissance pour l'eau, avant d'être de l'eau ; et réciproquement l'eau est en puissance de devenir de l'hydrogène et de l'oxygène, avant sa décomposition.

« Quædam autem potentia est quæ non semper est in actu, sed de potentia procedit in actum, sicut invenitur in generabilibus et corruptibilibus. »

L'intellect des anges, dit saint Thomas, est toujours en acte ; il a dès son principe des idées, des formes « infuses, » parce qu'à raison de sa perfection, il se rapproche davantage de l'intellect divin, qui est, ainsi que nous l'avons fait voir, l'acte pur.

Mais il n'est pas de même de l'intellect humain, qui est le moins parfait dans l'ordre intellectuel et partant plus éloigné de la perfection de l'intellect divin.

« Intellectus igitur angelicus semper est in actu suorum intelligibilium propter propinquitatem ad primum intellectum, qui est actus purus, ut supra dictum est. Intellectus autem humanus, qui est *infimus* in ordine intellectuum et maxime remotus a perfectione divini intellectus, est in potentia respectu intelligibilium et in principio est sicut *tabula rasa*, in qua nihil est scriptum, ut philosophus dicit in tertio de Anima. »

Donc, selon la doctrine de saint Thomas, qui cesse ici d'être théologien et devient disciple d'Aristote, l'intellect humain est d'abord en puissance à l'égard des idées, c'est une table rase, où il n'y a rien d'écrit.

Avant d'apporter la preuve de cette assertion, il nous faut bien entendre ce que signifie ces mots : « table rase ». C'est évidemment une expression métaphorique que l'usage a admis en philosophie, mais comme toute comparaison cloche, il ne faut pas prendre ces mots dans un sens rigoureux.

Lorsqu'un marbre est d'abord sans aucun signe scriptuaire et qu'ensuite il nous apparaît avec des lettres et des chiffres, c'est un agent extrinsèque au marbre qui les a gravés.

Il n'en est pas absolument de même de l'intellect qui est l'agent de son intellection ; prenons donc l'expression « table rase » avec cette restriction, en développant notre preuve.

Cette preuve est expérimentale.

On trouve dans tous les manuels de philosophie, qui ne sont pas scolastiques, l'affirmation que Bacon (1560-1626) a été comme le créateur de la méthode expérimentale ; « il veut que la science rompe d'une manière éclatante avec la méthode syllogistique d'Aristote et généralement avec les idées des anciens... Condamnant toute recherche sur l'essence des êtres, il veut qu'on se préoccupe uniquement des causes immédiates ou des lois des phénomènes. Dans certains endroits de ses ouvrages, Bacon se flatte de n'avoir sacrifié aucune partie de la vérité : « Je crois, dit-il, avoir uni à jamais dans un hymen légitime la méthode empirique et la méthode rationnelle, dont le divorce est fatal à la science et à l'humanité. » (Joly, *C. de Phil.*, p. 504.)

On voit que la modestie n'est pas de mise chez Bacon et je me demande s'il a bien su ce qu'il disait.

En effet, précisément dans la question présente, saint Thomas qui, plus humblement, se dit disciple d'Aristote, *ut dicit philosophus in tertio de Anima*, apporte une preuve d'expérience, pour en tirer la loi immédiate de la production des idées, des formes intellectuelles.

« L'expérience, dit-il, nous montre que nous sommes d'abord intelligents en puissance à l'égard de telle ou telle idée et qu'ensuite nous devenons intelligents en acte. »

Avant d'avoir connu tel ou tel théorème de géométrie, on a été en puissance de le connaître.

Donc il n'est pas dans la nature de notre esprit d'avoir les idées innées, mais de les acquérir. Cette conclusion tirée de l'expérience doit être appliquée à toute intellection humaine. C'est le seul moyen de se conformer à la méthode de Bacon et en même temps à celle d'Aristote.

Nous avons une preuve des idées acquises, mais aucune des idées innées. Or dans le domaine de l'expérience et dans celui de la logique, ce que l'on avance

sans preuve, doit être nié de même : *Quod gratis asseri-
tur gratis negatur.*

Achevons d'ailleurs de citer saint Thomas.

« Quod *manifeste apparet* ex hoc quod in principio
sumus intelligentes solum in potentia, postmodum autem efficimur intelligentes in actu. Sic igitur patet
quod intelligere nostrum, est quoddam pati secundum
tertium modum passionis et per consequens intellectus
est potentia passiva. »

Donc l'intellect est une puissance passive, c'est-à-dire
qu'il reçoit la forme intellectuelle, l'idée pour laquelle
il était en puissance, sans que cette réception diminue
en rien sa perfection, au contraire. C'est là, en effet, la
troisième acception des mots « passion » et « passif. »

Qu'elle est donc la conclusion à tirer de toute cette
démonstration ?

C'est qu'il est absolument impossible à l'intellect
humain dans l'analyse critique qu'il fait de sa connaissance, de ne lui donner qu'une valeur purement subjective.

Nos concepts ont donc une valeur objective extra-
mentale ; c'est ce qu'il fallait démontrer.

L'intellect agent

Puisque nos concepts ont une valeur objective extra-mentale, on demande comment l'objet peut être subjec-tivisé en telle sorte que notre connaissance ait néanmoins cette valeur objective.

Saint Thomas répond à cette question, qu'il pose ainsi : Faut-il admettre un intellect agent ? (*Sum. théol.* 1ª p. qu. 79, art. III.)

Saint Thomas expose d'abord l'opinion de Platon.

Les formes intelligibles des êtres existent, selon Platon, séparées de la matière. Si elles se communiquent à la matière, elles prennent l'existence corporelle ; si elles se communiquent à l'intellect, elles prennent l'existence scientifique Il leur suffit donc d'être reçues dans l'intellect, pour que celui-ci en ait la connaissance, sans avoir aucune opération à faire pour les rendre in-telligibles.

Saint Thomas (*Sum. théol,* 1ª p., qu. 85, art. I) qua-lifie cette opinion de fausse et ridicule.

Elle est fausse, parce que ces idées immatérielles et fixes ne pourraient donner la connaissance de la matière et du mouvement (?).

Elle est ridicule, parce que c'est une chimère que, pour connaître des choses manifestes, nous soyons obli-gés d'avoir recours à des êtres tout différents d'elles.

Sans nous appesantir davantage sur l'opinion de Pla-ton, nous parlerons de celle d'Aristote.

D'après Aristote et saint Thomas, il est nécessaire d'admettre un intellect agent. (*Sum. théol.* 1ª p., qu. 79, art. III.)

Les formes ou essences des choses subsistent dans la matière ; or, ces formes ainsi matérialisées ne sont pas actuellement intelligibles. Ces « noumènes » comme dirait Kant, ne sont vraiment intelligibles qu'en puissance. Donc les formes ou, pour parler plus français, les essences des choses sensibles, dont nous acquérons l'intelligence, ne sont pas en acte d'intelligibilité.

« Sed, quia Aristoteles non posuit formas rerum naturalium subsistere sine materia, (formæ autem in materia existentes non sunt intelligibiles actu,) sequebatur quod naturæ seu formæ rerum sensibilium quas intelligimus, non essent intelligibiles actu. »

Or rien ne peut passer de la puissance à l'acte, sans le fait d'un être déjà en acte.

Ce principe est comme la base de la philosophie thomiste et Kant lui-même en reconnaît la vérité, lorsque pour expliquer la production des concepts, il soutient la nécessité des formes à priori.

En effet personne ne donne ce qu'il n'a pas ; un être en puissance pour une chose ne peut passer à l'acte que s'il est actué par un être déjà en acte. C'est le principe d'inertie dans l'ordre métaphysique.

Ainsi les sens sont en puissance, ils sont capables de sensibilité ; mais ils resteraient toujours en puissance, si le sensible en acte ne venait les émouvoir. « Sicut sensus fit in actu per sensibile in actu. »

Il n'en est pas de même pour l'intellect : son objet dans la matière n'est pas intelligible en acte.

Il faut donc admettre de la part de l'esprit une certaine vigueur active qui rend les essences actuellement intelligibles, en les séparant de leurs conditions matérielles. C'est l'œuvre de l'intellect agent.

« Oportet igitur ponere aliquam virtutem ex parte intellectus, quæ facere possit intelligibilia in actu, per abstractionem specierum a conditionibus materialibus. Et hæc est necessitas ponendi intellectum agentem. »

Les scolastiques disent que c'est la lumière de l'intellect, *lumen intellectus*, qui rend les essences intelligibles, en les séparant de leurs conditions matétérielles.

Nous avons vu que ce *lumen intellectus* ne peut pas être une forme à priori constitutionnelle de l'intéllect, puisque celui-ci est passif *in actu primo*, ce n'est pas non plus une idée innée, puisque l'expérience démontre que l'intellect acquiert les idées.

L'abbé Rosmini Serbati, tout en prétendant être disciple de saint Thomas, a soutenu que le saint docteur voulait désigner, sous le nom de *lumen intellectus*, une certaine intuition générale et innée de l'être, intuition qui devenait comme la mesure de la quiddité de tous les objets perçus. Cette notion générale de l'être n'aurait pas tout d'abord le caractère objectif au même degré que l'idée proprement dite. Ce serait plutôt, pour employer les termes scolastiques, « un objet par lequel, *objectum quo* » qu'un « objet lequel, *objectum quod*. » Ce serait comme une sorte de lumière intrinsèque à l'œil, qui rendrait visible les objets fixées par celui-ci.

Or, non seulement nous ne trouvons dans saint Thomas aucun enseignement de cette doctrine, mais même dans l'article, que nous expliquons, il dit (*ad* 2^m)

que l'expression *lumen intellectus* est employée figuré-
ment, pour faire entendre que la vigueur active de l'intellect est aussi nécessaire pour rendre les choses intelligibles que la lumière physique est nécessaire, soit
pour les rendre visibles, soit pour en porter les cou-
leurs à nos yeux.

D'ailleurs, les scolastiques contestent la doctrine de
Rosmini et refusent d'admettre ce philosophe dans leur
école.

Ne pourrait-on pas dire que la querelle entre les
thomistes traditionnels et les thomistes rosminiens est
surtout une querelle de mots et que ces philosophes ne
diffèrent que par l'ordre suivi dans l'analyse de la faculté intellectuelle ?

Les scolastiques admettent que l'intellect est en puissance radicale pour percevoir tout être et que, dans la
perception, c'est l'universel qui est d'abord perçu.

Rosmini dit que l'objet de l'intuition est l'être idéal
indéterminé et, que l'intuition précède la perception.

Or, qui dit « être idéal indéterminé » entend bien dire
que cet objet laisse l'intellect en puissance, car pour
l'acte il faut la détermination.

Cette détermination Rosmini la trouve dans le sentiment du réel qui fait dire *tout d'abord* à l'esprit : il y
a là quelque chose de l'être ; il y a un être. *Ens quod
primo cadit in intellectum,* disent les scolastiques.

Par l'attention, cette détermination s'accentue.

Rosmini compare l'idée d'être commun, universel,
indéterminé à une surface indéfinie toute illuminée,
que l'œil perçoit partie par partie. Le *lumen intellectus*
serait donc, d'après Rosmini, cette surface illuminée

que nous percevons partie par partie dans chaque sen•
timent. (voir *Pscy.*, livr. III.) (1)

---

(1) Système de Rosmini Serbati (*démonstration*).

« Je ne puis me dispenser de faire ici une autre observation : c'est que toute l'activité du principe sentant est déterminée par le terme du sentiment, et que toute l'activité du principe intelligent est déterminée par le terme de l'intellection. Cela résulte de l'analyse que nous avons déjà faite du principe sentant et du principe intelligent, puisque nous avons vu que le principe sentant ne sent qu'autant que lui est donné le terme du sentiment et que le principe intelligent n'entend qu'autant que lui est donné le terme de l'intellection.

« Si donc le terme du sentiment détermine l'activité du principe sentant, il s'ensuit, par une conséquence nécessaire, qu'au principe sentant doit être attaché, dès le premier instant de son existence, un terme où soient comprises *virtuellement* toutes les sensations futures, sans quoi il ne *conserverait pas son identité*.

« Et de même, si le terme de l'intellection détermine la sphère d'activité du principe intelligent ; le principe intelligent ne peut demeurer identique à travers la suite de ses intellections successives, si ce n'est à la condition que dès le commencement de son existence il ait, comme objet permanent de l'intellection, *un terme* où soit virtuellement compris tous les objets qui peuvent, dans la suite, être conçus par son entendement.

« Maintenant celui qui aura bien saisi cette observation y trouvera une nouvelle démonstration et des plus décisives de notre théorie du sentiment fondamental et de l'être universel donné par intuition à l'âme humaine ; car cette théorie est la seule où il soit vrai que l'homme, en tant qu'être sentant, sent virtuellement, dès le principe, tout ce qui lui arrive dans la suite de sentir distinctement, les sensations corporelles n'étant que les divers modes d'un seul et même sentiment fondamental ; et que l'homme, en tant qu'être intelligent, entend aussi virtuellement tout ce qu'il pourra entendre distinctement dans la suite, puisqu'il a l'intuition de l'être universel auquel se ramène l'entité intelligible de toutes choses.

« Dès lors l'on suppose prouvées la simplicité et l'identité du principe sentant dans la diversité des sentiments et du principe intelligent dans la diversité des intellections ; la vérité de notre système demeure également prouvée par là même.

« Et réciproquement, si l'on part de notre système, c'est-à-dire si l'on admet la réalité du sentiment fondamental et de l'intuition de l'être, par là même demeurent résolues les difficultés les plus subtiles que l'on puisse soulever au sujet de la simplicité et de l'identité du principe sentant et du principe intelligent qui en est la conséquence nécessaire. »

(ROSMINI, *Psych.* p. 171.)

Mais, pour en revenir à la doctrine thomiste et sortir de toute supposition, il faut nous contenter de dire que l'intellect a, comme toute faculté, la vigueur naturelle pour saisir son objet propre. Si le corps s'assimile les aliments qui lui conviennent et rejettent ceux qui ne lui conviennent pas ; si l'œil saisit dans les êtres matériels la couleur, qui est son objet propre et laisse de côté l'odeur et le son ; si les sens perçoivent les diverses qualités sensibles des corps, sans atteindre leur essence, l'intellect saisit en eux ce qu'il y a d'essentiel et, le séparant de la matière, le rend intelligible.

Le « lumen intellectus »

Il s'agit de savoir jusqu'à quel point saint Thomas a précisé la nature du *lumen intellectus* (1).

Dans son sens propre, le mot lumière, en latin *lumen*, désigne ce fluide mystérieux qui, quelles que soient sa nature et son origine, a la propriété de rendre visibles aux yeux de l'animal les êtres matériels, par la sensation de couleur.

Dans le sens métaphorique on nomme lumière toute personne, toute faculté, toute chose qui contribue à la découverte de la vérité. Un grand savant est une lumière ; notre raison est une lumière ; l'évidence est une lumière. Une découverte scientifique, dont les conséquences sont importantes dans le domaine du savoir, est encore une lumière.

On peut donc dire aussi de notre intelligence ou mieux de notre intellect (car l'intelligence est plutôt une opération ou un état habituel de l'intellect) que c'est une lumière.

C'est donc dans le sens figuré que saint Thomas a employé cette expression : *lumen intellectus*.

Donc, pour bien comprendre comment l'intellect est une lumière, il faut étudier, par l'analyse expérimentale, comment il se rend perceptible la vérité qui est son objet propre.

---

(1) Voir nos *Leçons de Droit social naturel*, p 211.

L'essence des choses est l'objet propre de l'intellect ; or, en ce bas monde, l'essence existe réellement dans la matière, qui l'individualise.

Il faut donc, pour se la rendre perceptible, c'est-à-dire intelligible, que l'intellect la tire de cette condition matérielle ou sensible. C'est là le rôle de l'intellect en tant qu'agent et c'est pour cela qu'on dit qu'il est une lumière. La propriété qu'a l'intellect de rendre intelligible l'essence, en la tirant de ses conditions sensibles, voilà le *lumen intellectus* de saint Thomas. C'est une certaine vigueur naturelle, une tendance native de l'intellect à chercher son objet propre, à se l'assimilier.

Cet objet est l'essence, l'être intelligible.

Pour bien comprendre ce qu'est le *lumen intellectus*, il faudrait pouvoir dire d'où il vient, d'où vient cette acuité de l'intellect.

Saint Thomas répond avec l'Ecriture : *Signatum est super nos lumen vultus tui, Domine* (1). L'intelligence créée est donc une participation (2) ou au moins un reflet de l'intelligence divine.

Mais lorsque nous disons que la créature participe à la perfection du Créateur, nous ne devons point oublier la doctrine que saint Thomas expose sur ce point, dans les premiers articles de sa *Somme théologique*

Je dis que Dieu *est* intelligence et je dis que l'homme

---

(1) Ps. IV. 7.

(2) Nous disons « participation » et non pas « émanation » Il s'agit, comme on va le voir, de cette participation *secundum analogiam*, car, disent les scolastiques : *Hac modo creaturæ participant divinam bonitatem.* (In lib. II Sent. dist. XVIII qu. 1 a. 6 ad 1.) *Hinc vides illam loquendi rationem, qua omnia esse participationes divinæ essentiæ dicuntur, pantheistarum sententiæ nihil omnino prodesse.* (SIGNORIELLO, *Lexicon peripateticum*, page 252.)

a l'intelligence. Or si ce mot « intelligence » n'est pas appliqué à Dieu et à l'homme avec *équivoque*, il n'est pas non plus employé dans un sens absolument *univoque*.

Dans l'ordre surnaturel de la vision intuitive, on peut bien dire que la lumière même de l'intelligence divine, dite lumière de gloire, devient la lumière de l'intelligence humaine ; mais cela ne peut plus se dire, lorsqu'il s'agit de l'ordre naturel.

Ici, la participation n'est plus surnaturelle et le mot « intelligence » n'est pas dit de Dieu et de l'homme, dans un sens univoque, mais seulement par *analogie* (1).

Dans l'ordre naturel, il s'agit donc d'une participation d'analogie. De même que toutes les œuvres de Dieu reflètent, par analogie, quelqu'une de ses perfections, ainsi la créature intelligente reflète la perfection première, constitutive de l'essence divine et racine de tous ses attributs dans l'ordre logique. C'est pourquoi l'on dit que l'intelligence de l'homme est créée à l'image de Dieu, tandis que la plupart des créatures ne portent empreintes en elles que les vestiges des perfections de leur créateur.

Le texte : *Signatum est super nos lumen vultus tui, Domine*, ainsi entendu, d'après la doctrine de saint Thomas, nous voyons bien que nous ne sommes guère avancés, pour expliquer la nature intrinsèque du *lumen intellectus*, c'est-à-dire, pour expliquer comment notre intellect a une tendance native à saisir l'intelligible dans les êtres matériels.

---

(1) Nomina quæ Deo et creaturis communiter tribuuntur, non univoce, sed *analogice* sunt accipienda. (SIGNORIELLO, *Lexicon peripateticum*, page 15.)

Et certes, s'il est un phénomène étrange, c'est assuré·
ment celui-là.

Certains, tels que les kantistes ont, pour l'expliquer,
supprimé le problème qu'il pose et se sont ainsi resser-
rés dans le subjectivisme.

D'autres, tels que les matérialistes, ont nié l'intellect.

D'autres enfin, sans nier aucune des données du problème, en ont tenté la solution, en édifiant des sys·
tèmes.

Mais les systèmes ne peuvent supprimer la controverse
et, par conséquent, la seule chose que l'on peut dire
avec certitude entière sur ce point, c'est que l'on ne
sait pas bien en quoi consiste le *lumen intellectus*. Et saint
Thomas lui-même ne nous instruit pas sur cette question.

Parmi les psychologues qui ont fait des systèmes
pour expliquer la nature du *lumen intellectus* quelques-
uns ont voulu appuyer leurs théories sur l'autorité de
saint Thomas. Il leur a fallu, pour arriver à ce but
faire subir aux textes du docteur angélique, des trans-
positions, des mutilations et des confusions.

Nous allons juger de la chose par quelques exemples.

D'après le texte contenu dans le corps de l'article IV,
question 79 de la première partie de la *Somme théologique*,
ces psychologues, *inter quos Rosmini*, semblent dire qu'il
est de foi que le *lumen intellectus* n'est que la lumière de
l'intelligence divine rejaillissant sur notre âme.

Dans ce cas, le *lumen intellectus* n'est plus quelque
chose d'intrinsèque à l'intellect, mais il lui vient du
dehors, c'est-à-dire de Dieu.

Or, dans l'article IV dont il s'agit, saint Thomas éta·
blit au contraire en termes exprès que la vertu, par laquelle l'intellect rend son objet intelligible, réside en

lui : « *In ipsa* sit aliqua virtus derivata a superiori intellectu, per quam possit phantasmata illustrare ; et hoc experimento cognoscimus. »

Cette vertu dérive nécessairement d'un intellect supérieur, comme de sa cause première et exemplaire, mais il n'en est pas moins vrai qu'elle est formellement inhérente à l'intellect créé. Donc la « lumière de l'intellect humain » n'est pas identiquement la même que celle de l'intelligence divine.

Saint Thomas emploie ici une comparaison.

D'après Aristote, dit-il, le *lumen* se confond avec l'intellect, comme la lumière du jour avec l'air quelle traverse (1). D'après Platon au contraire le *lumen* est distinct, séparé de l'intellect, comme le soleil est distinct de l'air qu'il rend lumineux.

Il suit de cette comparaison que les psychologues, que nous combattons, adoptent sur la nature du *lumen intellectus*, non l'opinion d'Aristote, mais celle de Platon qui est précisément réfutée par saint Thomas, quand il dit : *Ergo oportet virtutem quæ est principium hujus actionis esse aliquid in anima.*

Donc, si l'on veut entendre l'opinion de Platon dans un sens conforme à notre foi, *secundum nostræ fidei documenta*, il faut dire premièrement, que Dieu tient lieu de ce que Platon nomme l'intellect séparé ; deuxièmement, qu'il éclaire l'intellect de l'homme, dans l'ordre naturel, en tant que créateur de qui émane toute vertu ; dans l'ordre surnaturel, en tant que béatitude finale ; troisièmement, qu'ainsi l'âme humaine participe à la

____

(1) Nous ne faisons que rapporter l'opinion d'Aristote, sans nous préoccuper des découvertes modernes sur la propagation de la lumière.

lumière intellectuelle divine, selon ce verset : *Signatum est super nos lumen vultus tui, Domine.*

Il y a participation d'analogie, dans l'ordre naturel ; participation surnaturelle, dans l'ordre de la grâce et de la gloire.

Cette participation est dite surnaturelle, parce que la lumière divine est d'une nature supérieure à la nature de l'intellect humain, mais dans cette vision surnaturelle, la lumière communiquée est connaturelle à la lumière divine : c'est la lumière divine : *In lumine tuo videbimus lumen* (1).

Où peut-on donc trouver dans cet enseignement de saint Thomas que le *lumen intellectus* soit la lumière divine elle-même ?

Le deuxième texte apporté par les adversaires est tiré de la question 105ᵐᵉ (1ʳᵉ partie de la S. théologique). Vous croyez, peut-être, que dans cette question il est traité spécialement de la nature du *lumen intellectus*; pas le moins du monde (2) : il s'agit là des effets particuliers du gouvernement divin. A l'article III, saint Thomas demande : « Utrum Deus moveat intellectum agentem ? »

Oui, répond saint Thomas, en Dieu, qui est le premier être, préexistent, comme dans leur cause première exemplaire, les types intelligibles ou idées de toutes les choses. C'est donc de Dieu que viennent ces idées, soit qu'elles existent réalisées, soit qu'elles illuminent notre intellect. Donc, d'après saint Thomas, Dieu est la

____

(1) Ps. XXXV. 10

(2) Fréquemment les philosophes, qui veulent soutenir une doctrine suspecte, emploient des textes tronqués ou des citations qui ne se rapportent pas à la question agitée.

source première de l'intelligible, non seulement il donne à l'intelligence la vertu de l'entendement, mais encore il imprime en elle les idées par lesquelles, elle entend.

Ici les adversaires croient triompher et ne se donnent pas la peine de lire ce qui suit dans la réponse à la première objection (*ad primum*).

L'opération de l'intellect vient de celui-ci comme de sa cause seconde, mais de Dieu comme de sa cause première. Donc, toute la doctrine du texte précédent se rapporte à la causalité première et à son action sur la vertu intellectuelle et sur les espèces impresses qui sont causes immédiates de l'intellection et non à une action par laquelle Dieu éclaircrait immédiatement notre esprit de sa divine lumière.

Voici maintenant d'autres textes tirés de la question XVI* : *De veritate.* (*Sum. théol.* 1* p.)

Art V ad 3^m. « Omnis apprehensio intellectus a Deo est. » Dans ce texte, saint Thomas dit que le néant et les privations d'entité n'ont aucune existence réclie ; elles ne sont que dans la conception de l'intellect, *in apprehensione intellectus.* Or, la conception intellectuelle, étant un être, vient de Dieu, comme de sa cause première. C'est ainsi qu'une proposition *de malo* peut avoir en Dieu sa vérité, car Dieu est la source de toute vérité.

On le voit le but de l'article n'est pas de faire connaître la nature du *lumen intellectus* mais de montrer comment la vérité même *de malo* peut être en Dieu. Il ne faut donc point donner au texte en question une portée qu'il n'a pas.

Art. VI° « Omnes res veræ sunt una prima veritate,

cui unumquodque assimilatur secundum suam entita-
tem. » Ce qui revient à dire que tous les êtres créés
ont leurs exemplaires en Dieu. Il n'est pas non plus
question dans ce passage du *lumen intellectus.*

Art. VII⁰ « Si nullus intellectus esset æternus, nulla
veritas esset æterna ; sed quia solus intellectus divinus
est æternus, in ipso solo veritas æternitatem habet. »

Nous ne voyons pas non plus dans ce texte une définition de la nature du *lumen intellectus.*

Un autre texte invoqué par les adversaires est tiré de
la question 105, article IV ; il se rapporte à la volonté
et non à l'intellect. Certainement la volonté comme l'intellect sont mus par le premier moteur ; mais cela indi-
que-t-il la nature du *lumen intellectus?*

Nous devons en dire autant d'un texte tiré de la
question 6ᵉ de la 1ᵃ 2ᵃᵉ.

Dans l'article I de la question 94ᵐᵉ de la 1ᵃ 2ᵃᵉ, saint
Thomas, *ad* 3ᵐ, reconnaît que l'enfant, avant l'âge de
raison, a habituellement les principes de la science et de
la morale, bien qu'il ne puisse en user ; mais de ce fait
les adversaires ne peuvent tirer un argument sur la
nature du *lumen intellectus,* parce que dans le corps
de l'article saint Thomas dit expressément que le mot
« habitude » n'est pas pris par lui dans son sens strict.
Le docteur angélique veut seulement dire que l'enfant
a une disposition à acquérir ces principes qui doivent
constituer une véritable habitude. « Lex naturalis, dit-
il, est aliquid per *rationem constitutum,* sicut etiam *pro-
positio* est quodam *opus* rationis. »

Tous les textes, allégués par les adversaires et pris
par eux dans les *Questions disputées* de saint Thomas,
doivent être entendus dans un sens conforme au sens

des textes que nous venons de commenter : ils se rapportent, la plupart du temps, à la question de la pré-
motion physique, dans l'ordre intellectuel, mais ne
disent pas précisément en quoi consiste le *lumen intellectus.*

Donc si nous voulons le définir nous devons nous
contenter de dire que le *lumen intellectus* est ce qui
fait l'intellect capable de rendre intelligible l'essence
des choses, par abstraction des conditions sensibles (1).

(1) Il est un autre texte tiré du Ier chapitre de l'Évangile selon
saint Jean qui a été employé par les rosminiens et les ontologistes
en faveur de leur thèse.

Il est dit au verset 9me, en parlant du Verbe divin : « Erat lux
vera quæ illuminat omnem hominem venientem in hunc mundum. »

La raison est donc une lumière divine, disent les ontologistes et
les rosminiens.

Saint Thomas (*Sum. cont. gent.* livre I, cap. XI, ad 5^{m}) va nous
donner le vrai sens de cette expression : « Dieu, dit-il, est en vérité
celui en qui nous connaissons tout ce que nous connaissons, non
pas en ce sens que rien autre soit connu s'il n'est préalablement
connu, comme un principe évident par lui-même, mais parce que
par son influence toute connaissance est causée en nous. — Deus
est quidem in quo omnia cognoscuntur non ita quod alia non cognoscuntur nisi eo cognito, sicut in principiis per se nobis accidit,
sed quia per *ejus influentiam* omnis in nobis causatur cognitio. »

Le Verbe mental

Les choses sont conçues par nous, parce qu'elles sont réellement en elles-mêmes et notre connaissance ne peut être expliquée que par leur réalité objective, qui en est la cause et le terme.

Le verbe mental est donc l'objet réel lui-même exprimé idéalement par nous et cet objet est en lui-même tel que nous le concevons, sinon ncus ne pourrions le concevoir.

« Le verbe mental, dit saint Thomas, (opuscule XI: *De natura verbi intellectus*) a dans sa nature une plus grande convenance avec la chose qu'il exprime qu'avec l'intellect, bien qu'il soit dans l'intellect comme dans son sujet. En effet tout être tient sa nature de ce qui le spécifie et le nomme, puisque l'espèce c'est l'essence. Donc le verbe mental reçoit son espèce de la chose qu'il exprime et non du sujet, excepté dans le cas où le sujet se conçoit lui-même. Ainsi le verbe mental, qui exprime une « pierre, » diffère, par l'espèce, de celui qui exprime un « âne » ; cependant le verbe exprimant la même chose demeure toujours de même espèce, bien qu'il soit conçu par plusieurs sujets. En voici la raison : un effet a toujours plus de convenance avec le principe par lequel un agent agit, qu'avec l'agent lui-même, avec lequel il n'a convenance qu'en raison du principe ; c'est en effet ce principe qui est communiqué à l'effet par l'action de l'agent.

« Or l'image intellectuelle de l'objet, l'espèce intelligible impresse est le principe par lequel l'agent conçoit le verbe ; elle se trouve donc dans le verbe comme lui ayant été communiquée par l'agent. C'est pourquoi on l'appelle tantôt image ou ressemblance de l'objet, espèce expresse, tantôt verbe ou expression de la chose.

« Et cette manière de parler est usitée, soit lorsqu'il s'agit de l'imagination, soit lorsqu'il s'agit de l'intellect où se trouve le verbe à proprement parler. »

Saint Thomas (*quod*, V, art. IX, *ad* 1^m) observe encore « que l'intellect entend de deux manières : 1° formellement, et ainsi il entend par l'espèce intelligible, par laquelle il est actué ; 2^n comme par un instrument dont il sert pour entendre quelque chose autre que lui, et, à ce point de vue, l'intellect entend par le verbe, parce qu'il forme le verbe pour entendre la chose. Donc le verbe est manifestatif de la chose et il est, à divers points de vue, ce qui est entendu, ce par quoi la chose est entendue, ce en quoi elle est entendue. » (*Zigliara*, p. 200 tome II.)

Subjectivité précise de l'Elément Objectif
dans la Connaissance

Quand on n'est pas, de parti pris, hostile à la doctrine thomiste, quand d'ailleurs on consent à sortir de la terminologie de Kant et à ne retenir que la substance de son système, on est obligé de reconnaître que tout ce que le philosophe allemand a dit de certain, a été dit, avant lui, par saint Thomas.

Le docteur angélique reconnaît en effet que la connaissance parfaite est celle dans laquelle le sujet et l'objet sont absolument unifiés, sans le secours d'une idée ou espèce représentative de l'objet.

Il dit cela, lorsqu'il traite de la science divine, (*Sum. theol.* pars 1ª, qu. XIV) car, tandis que notre intellect, dit saint Thomas, est en possibilité d'avoir diverses idées, Dieu est actualité parfaite, et quant à l'être et quant à l'intelligibilité ; il se connaît par lui-même et connaît tout dans son essence, sans avoir besoin d'aucune espèce représentative.

« Cum igitur Deus nihil potentialitatis habeat, sed sit actus purus, oportet quod in eo intellectus et intellectum sint idem omnibus modis. » (art, II.)

La connaissance humaine a donc ceci d'imparfait qu'en elle l'*intellectus* et l'*intellectum*, le sujet et l'objet ne sont pas absolument « omnibus modis » identifiés.

Et cela est vrai (art. II *ad* 3^m) même pour la connaissance que l'intelligence humaine a d'elle-même.

Saint Thomas a formulé le principe qui est la raison de cette imperfection.

Le mode de la connaissance dépend non de l'objet connu mais du sujet connaissant.

« Scientia est secundum modum cognoscentis. Scitum enim est in sciente secundum modum scientis. » (art. I *ad* 3^m.)

Pourquoi ?

Parce que, dit-il, l'objet actuellement sensible, c'est le sens même en acte et l'objet actuellement intelligible, c'est l'intellect même en acte. En effet nous ne sentons ou connaissons actuellement que si notre sens ou notre intellect est actuellement déterminé par une espèce soit sensible, soit intellectuelle.

« Sensibile in actu est sensus in actu et intelligibile in actu est intellectus in actu. Ex hoc enim aliquid in actu sentimus et intelligimus quo intellectus noster vel sensus informatur in actu per speciem sensibilis vel intelligibilis. » (art. II.)

Le terme de l'opération est donc dans le sujet connaissant lui-même et par conséquent participe au mode naturel de ce sujet. (art. II.)

La connaissance sera donc d'autant plus parfaite que le sujet aura, par nature, un mode d'être plus élevé.

Or ce mode est d'autant plus élevé, que la nature est moins limitée à une forme unique et qu'elle tend vers un certain infini.

Le degré et la valeur de la connaissance dépendent donc du mode naturel du sujet.

Les êtres dont la nature est absolument confinée dans

la matière ne sont capables d'aucune connaissance, tandis que Dieu, qui est au souverain degré d'immatérialité, est, par cela même, au suprême degré de la connaissance.

Mais entre ces deux extrêmes nous trouvons des degrés intermédiaires ; la connaissance humaine occupe une place plus élevée que la connaissance sensible, parce qu'elle est plus immatérielle que celle-ci. (art. I.)

Mais si elle n'atteint pas la perfection de la connaissance divine, si elle ne consiste pas dans l'identification du sujet et de l'objet, si elle a besoin d'idées représentatives, si même elle use des catégories à priori, parce que selon l'hypothèse kantiste *tel est le mode naturel du sujet connaissant* et que selon l'axiome thomiste « scitum est in sciente secundum modum scientis, » nous n'avons pas le droit de nier la valeur de cette connaissance, car elle est dans l'ordre d'intelligibilité un rapprochement de l'objet et du sujet et elle constitue une relation très vraie lors même qu'elle est imparfaite.

Le tort de Kant a été de mettre en doute la vérité de cette relation, parce qu'il a faussé le principe de saint Thomas.

De ce principe « Scitum est in sciente secundum modum scientis, » il a conclu « ergo scitum non est in sciente sed tantum modus scientis, » ce qui est un illogisme et une absurdité.

Bref, c'est un sophisme.

Je laisse le soin aux philosophes de dire si le dernier mot de la science peut être un sophisme et aux théologiens d'apprécier si ce sophisme peut servir de point de départ pour construire une nouvelle apologétique.

Le principe *Scitum est in sciente secundum modum scien-*

tis, ne contredit aucunement ce qui a été dit au sujet de l'objectivité du verbe mental, page 80.

Le verbe mental, disait saint Thomas, reçoit son espèce de la chose qu'il exprime et non du sujet, parce qu'un effet a toujours plus de convenance avec le principe par lequel l'agent agit qu'avec l'agent lui-même.

Saint Thomas établit donc très exactement la part du sujet et celle de l'objet dans la connaissance ; il montre le degré précis de la subjectivité de l'objet.

Le mode de la connaissance dépend du sujet qui donne à l'objet externe son intelligibilité, mais le terme expressif, le verbe, dépend, quant à son espèce, de la nature de cet objet externe.

On voit ici combien la critique de saint Thomas est *plus complète* et *plus profonde* que celle de Kant qui ne critique qu'un côté de la connaissance intellectuelle, en se plaçant à l'unique point de vue du subjectivisme.

Saint Thomas se place successivement au point de vue objectif, puis au point de vue subjectif et il trouve ainsi la formule vraie de la connaissance humaine.

TROISIÈME PARTIE

RÉINTÉGRATION DU PRINCIPE DE CAUSALITÉ

DANS LES PREUVES DE L'EXISTENCE DE DIEU

Réintégration du Principe de Causalité

DANS LES PREUVES DE L'EXISTENCE DE DIEU

Il y a deux sortes de preuves de l'existence de Dieu ; les premières, dites *preuves à priori,* sont tirées de l'analyse des idées d'être parfait, d'être infini et d'être nécessaire ; leur valeur est contestée, même par saint Thomas d'Aquin qui n'admet, comme preuves apodictiques, que celles appuyées sur le principe de causalité.

Il y a des effets que nous connaissons mieux et plus facilement que leurs causes ; pour lors nous allons de l'effet connu à la cause inconnue, nous démontrons l'existence de la cause par celle de l'effet. C'est là la démonstration à posteriori, qui repose sur ce principe : « Tout effet dépend d'une cause et par conséquent suppose l'existence de celle-ci. »

Au sujet du principe de causalité, il y a deux problèmes à résoudre.

1° Jusqu'à quel point la connaissance de l'effet nous donne-t-elle la connaissance de la cause ? Saint Thomas répond à cette question dans la première partie de sa Somme théologique (qu. II, art. II);

2° Quelle est la valeur objective du principe de causalité? Ce principe nous donne-t-il une certitude objective et absolue?

Il faut, pour éviter toute confusion, faire d'abord une remarque. De ce qu'une démonstration est à posteriori, il ne suit pas que le principe, sur lequel elle s'appuye, soit, lui aussi, à posteriori. Ainsi la démonstration à posteriori de l'existence de Dieu s'appuye sur le principe de causalité, qui, pour toutes les écoles, est à priori.

La question est donc de savoir si ce principe est analytique ou synthétique. S'il est analytique, il est absolument et objectivement certain ; mais s'il est seulement synthétique, bien qu'à priori, comme le prétendent les kantistes, il n'a, selon eux, aucune valeur objective.

Le principe de causalité n'ayant pas, d'après Kant, son universalité et sa nécessité par le fait de l'inclusion de l'idée de cause dans celle d'effet, mais seulement par la forme de l'esprit humain, qui rapproche ces deux idées, n'a plus qu'une valeur subjective.

Cette fausse conception du principe de causalité constitue une des plus funestes erreurs du système de Kant; elle nous conduit tout droit au scepticisme et nous rend absolument impossible la démonstration de l'existence de Dieu.

Je dis « absolument impossible », car la démonstration que Kant veut en faire dans sa raison pratique, en s'appuyant sur l'impératif catégorique, repose finalement sur le principe de causalité.

Il nous faut donc rétablir la valeur de ce principe.

Nous devons d'abord remarquer que tout jugement suppose comme condition nécessaire, sinon l'inclusion de l'attribut dans le sujet, au moins leur convenance mutuelle, convenance que nous affirmons ou nions dans le jugement. Sans ce rapprochement, qui se termine par l'affirmation ou la négation, il nous est aussi impossible de juger que de voir sans voir.

Ceci posé, quand j'énonce le principe de causalité, qui, selon Kant, est un jugement synthétique à priori, quand je dis : « tout effet à une cause, » je l'affirme ou bien parceque je vois qu'il est dans la nature, dans la notion de l'effet, d'avoir une cause, ou bien parceque l'expérience m'a appris qu'il n'existe pas d'effet sans cause.

S'il est de l'essence de l'effet d'avoir une cause et de l'essence de la cause d'avoir un effet, si je puis définir l'effet un ayant-cause, et si je puis définir la cause un ayant-effet, le principe est analytique. Si cette liaison entre la cause et l'effet n'est pas essentielle, ce sera l'expérience seule qui me la fera connaître et pour lors le principe sera synthétique et à posteriori.

Donc le jugement synthétique à priori est une troisième supposition, que Kant émet, sans la prouver, et qui est fausse, car elle contient une contradiction.

Kant dit que les jugements synthétiques à priori sont nécessaires et universels. D'où viennent, lui dirons-nous, cette nécessité et cette universalité ?

La notion de cause, répond Kant, n'est pas inclue dans celle d'effet ; donc le principe est synthétique ; d'autre part, le principe est universel et nécessaire et par conséquent à priori, car cette universalité et cette nécessité ne peuvent venir que de la forme de l'esprit, puisque la synthèse ne peut les donner.

Ainsi l'affirmation de Kant demeure sans preuve, tandis que nous établissons que la nécessité et·l'universalité du principe viennent de ce qu'il est de l'essence de l'effet d'avoir une cause, de ce que cet attribut « ayant une cause » est la définition de l'effet.

Il est impossible d'admettre la nécessité et l'universalité du jugement et de nier la raison de ces deux caractères, raison qui est l'inclusion de l'attribut dans le sujet. Donc le principe de causalité est véritablement analytique et à priori et il peut nous servir de base pour établir avec une certitude absolue et objective la vérité de l'existence de Dieu.

Les kantistes ne se tiennent pas pour battus.

« Tout effet a une cause », disent-ils, est une formule défectueuse, car elle n'explique point ce qu'il faut entendre par un effet. Employons cette autre formule : « Il n'y a point de fait qui commence sans cause, » et nous voyons bien que la notion de cause n'est point inclue dans celle de fait qui commence.

Je soutiens le contraire, parceque tout fait qui commence est un effet : l'effectivité est de la nature du fait qui commence.

Le fait qui commence est celui qui n'a pas trouvé en lui même sa raison d'être, il a donc hors de lui une cause et c'est ce que nous voulons dire, quand nous disons que c'est un effet.

Nous n'avons donc qu'à constater, dans les divers êtres que nous percevons, les caractères d'effectivité essentiels, nous n'avons qu'à constater que ce sont des faits qui commencent ou ont commencé, pour affirmer que ces faits ont une cause.

Les kantistes nous attendaient là. Supposons, disent-ils, qu'il soit absolument certain par l'analyse de l'effet qu'il ait une cause ; est-il encore certain que le monde soit un effet ? Cette mineure du raisonnement ne peut être affirmée que d'après l'expérience et en vertu de l'induction.

Or, l'expérience et l'induction ne donnent qu'une certitude relative, parce que, ainsi qu'on le constate dans le progrès des sciences, une expérience nouvelle vient souvent contredire le résultat des expériences précédentes. La conclusion d'une preuve à posteriori ne peut donc avoir une certitude absolue et scientifique ; elle aura une probabilité plus ou moins grande, ou, si vous le voulez, une certitude morale et relative, en ce sens que l'homme devra régler sa vie pratique, d'après cette conclusion.

Relevons ce qu'il y a de faux dans ce raisonnement.

Quand nous affirmons que le monde est un effet, est-il vrai que ce jugement soit basé uniquement sur l'expérience et l'induction ? L'expérience nous révèle dans le monde certains caractères que la raison nous montre comme essentiellement inclus dans la notion d'effectivité. Et quand j'analyse ces caractères je vois qu'ils sont essentiels au monde, que sans eux le monde ne serait plus le monde ; mais il serait Dieu.

Les adversaires disent que la certitude soit disant obtenue par l'expérience et l'induction, peut être détruite par une nouvelle découverte scientifique et que par conséquent elle n'est point absolue.

Cela est encore faux. Les conclusions de l'induction ne sont contredites par de nouvelles expériences que lorsqu'on a oublié d'observer la règle logique de l'induction, règle en vertu de laquelle l'induction ne doit point outre-passer les limites de l'observation.

Or, lorsqu'il s'agit de constater les caractères d'effectivité du monde, l'observation est si facile et si réitérée qu'il n'y a pas lieu de craindre qu'une expérience nouvelle vienne contredire la conclusion tenue pour certaine.

Enfin, quand les adversaires disent que la conclusion d'un raisonnement à posteriori ne peut avoir qu'une simple probabilité, répondons-leur que dès lors que le principe est certain, ainsi que la mineure donnée par l'expérience et l'induction, la conclusion est absolument certaine.

Ici les kantistes sont obligés de recourir à leur distinction habituelle du subjectif et de l'objectif.

Est-il certain, disent-ils, que le monde qui nous paraît être un effet, le soit dans la réalité. Le « noumène » de l'effectivité du monde est-il conforme au phénomène qui nous apparaît.

Cette théorie a été suffisamment refutée ailleurs ; nous n'avons point besoin d'y revenir.

D'ailleurs nos preuves à posteriori n'ont pas besoin de la solution de cette question, pour être démonstratives de l'existence de Dieu.

Le phénomène, qui nous est subjectif et qui par conséquent nous est certain, parce qu'il est dans les limites du moi, a le caractère essentiel de l'effectivité. C'est d'une évidence première que nous apercevons ce caractère.

Je suis certain d'être voyant ce qui me paraît être une table et je suis également certain que ce phénomène n'était point tout à l'heure, quand je regardais ailleurs. Donc de non voyant j'ai été fait voyant, de non percevant j'ai été fait percevant. Voilà l'effet phénoménal subjectif et d'une entière certitude, même pour les kantistes.

La question se trouve donc reculée et il s'agit main-

tenant de savoir si cet effet subjectif a pour cause ex-
clusive la forme de mon esprit ou si le « noumène, »
l'objet entre lui aussi, pour une part, dans la production de l'effet phénoménal.

Or, c'est cette dernière hypothèse dont les Kantistes
ne pourront nier la vérité, car ils devront reconnaître
que le « noumène, » que l'objet est au moins la cause
occasionnelle du phénomène.

Donc deux causes concourent dans l'acte de la connaissance : le sujet qui est cause efficiente et l'objet qui
est au moins cause occasionnelle.

Donc, il y a dans le monde subjectif des effets et,
pourvu que nous admettions le principe de causalité
comme analytique, nous pouvons par l'analyse de ces
effets arriver à une certitude absolue de la cause.

Donc ce raisonnement : « Tout effet a une cause ; or
le monde est un effet ; donc le monde a une cause ; »
peut se traduire ainsi au point de vue subjectif : Tout
effet a une cause ; or ma connaissance expérimentale est
un effet phénoménal ; donc cet effet phénoménal a une
cause. »

Je puis ainsi en partant du phénomène subjectif arriver à affirmer avec certitude l'existence de la cause
première extra subjective.

Donc quelle que soit l'opinion que j'adopte sur la
conformité des noumènes avec les phénomènes, pourvu
que je consente à admettre comme analytique le principe de causalité, je puis arriver sans contradiction à
une certitude absolue par voie de raisonnement à posteriori.

Aix, imprimerie J. NICOT, rue du Louvre, 16 — 3.61

TABLE DES MATIÈRES

www.ingramcontent.com/pod-product-compliance
Ingram Content Group UK Ltd.
Pitfield, Milton Keynes, MK11 3LW, UK
UKHW021745090726
13657UKWH00002B/942